RELIURE SERREE
Absence de marges
intérieures

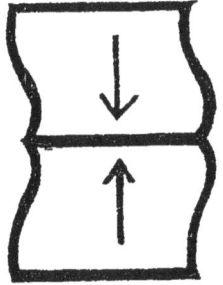

Contraste insuffisant
NF Z 43-120-14

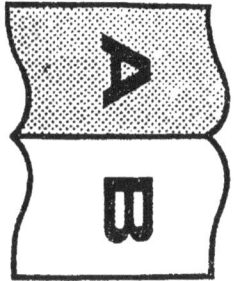

Illisibilité partielle

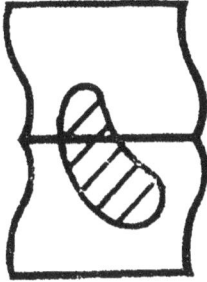

Illustrations en couleur

VALABLE POUR TOUT OU PARTIE
DU DOCUMENT REPRODUIT

Couvertures supérieure et inférieure
manquantes

PAGINATION MULTIPLE

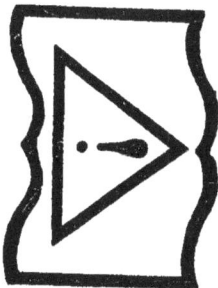

# COSTUME

## DU

# MOYEN AGE CHRETIEN

D'APRÈS DES MONUMENS CONTEMPORAINS

*publiés*

par

## J. DE HEFNER

et Messieurs les Collaborateurs

| | |
|---|---|
| Ph. Veit, | J. de Radowitz, |
| J. D. Passavant, | Le comte J. Pocci. |
| C. Ballenberger, | G. H. Krieg de Hochfelden, |
| H. Keim, | F. Hoffstadt. |

et autres Artistes et Savans.

✳

MANHEIM

Henri Hoff, éditeur.

Un ouvrage d'art d'un haut intérêt vient de paraître
chez *HENRY HOFF*, Libraire à Manheim, sous le titre suivant:

# LE
# COSTUME
## DU
# MOYEN AGE CHRÉTIEN

## D'APRÈS DES MONUMENTS CONTEMPORAINS

### PUBLIÉ

### Par J. DE HEFNER.

### COLLABORATEURS

MM. Ph. Veit,
    J. D. Passavant,
    C. Ballenberger,
    H. Keim,

MM. J. de Radowitz,
    Le comte F. Pocci,
    G. H. Krieg de Hochfelden,
    F. Hoffstadt,

ET AUTRES ARTISTES ET SAVANTS.

Les progrès immenses et rapides de notre siècle dans le domaine des sciences et des arts, ont étendu sur l'étude du passé leur influence investigatrice. Il en est résulté la conviction, désormais acquise, que les actions d'un peuple, et ses opinions, sont insuffisantes pour déterminer nettement son caractère et celui de son époque, si l'on n'y joint la connaissance approfondie des œuvres d'art et de goût, éléments naturels d'une appréciation complète, exacte, et rationnelle. L'esprit national, en effet, n'est pas toujours concentré dans les faits, ou dans la pensée écrite; mais il se matérialise en quelque sorte, et prend souvent des formes visibles et palpables, puissamment empreintes dans leurs moindres détails, d'un cachet original et caractéristique.

Le *costume* constitue l'une des partis les plus importantes à connaître de chaque époque. C'est dans le costume que se reflètent le plus fidèlement les mœurs d'un peuple, ses usages domestiques, ses inclinations dominantes, et les progrès de sa civilisation.

Il n'est pas vrai, comme on l'a cru longtemps, que le costume soit dû au hasard ou à un choix purement arbitraire; il est, au contraire, et l'histoire vient à l'appui de cette assertion, l'expression la plus parfaite du caractère et de l'esprit de chaque époque : toujours étroitement lié au développement des arts et du goût, il les suit dans leur marche, rétrograde ou progressive, se transforme avec eux, et retrace à nos yeux d'une manière à jamais ineffaçable les diverses phases de la vie sociale et privée des peuples, qui d'ordinaire aiment à donner à ce qui les entoure le plus immédiatement une forme en harmonie avec leurs pensées et avec leurs besoins matériels.

Maintenant, l'on est d'accord sur ce point, et le sentiment du vrai l'emporte. Il n'est plus permis à l'artiste de commettre aucun anachronisme de ce genre ; et l'archéologue lui-même se verra contester la connaissance approfondie de l'antiquité, s'il n'a fait du costume l'objet d'une étude sérieuse et toute particulière.

Cette nécessité une fois admise, il faut cependant reconnaître qu'il est difficile, pénible, et souvent presque impossible à l'antiquaire et à l'artiste d'en acquérir une connaissance même superficielle; les moyens d'atteindre ce but, comme les voyages par exemple, sont longs, dispendieux, et seulement à la portée du plus petit nombre.

Les ouvrages qui ont été, jusqu'à ce jour, publiés sur cette matière, sont d'un prix tellement élevé que de simples particuliers n'en peuvent faire l'acquisition, ou n'embrassent que des périodes courtes et isolées, ou bien encore manquent de correction et d'exactitude, conditions essentielles, et dont l'accomplissement doit être porté à un point tel que la vue de la nature elle-même ne puisse rien ajouter à la clarté du texte et à l'intelligence du dessin.

Le but de cet ouvrage est de remédier à cette lacune : il embrassera toute la longue période connue sous le nom de moyen-âge chrétien, c'est à dire l'époque la plus florissante du christianisme, et l'enfance de toutes les nations européennes. Il donnera, *d'après des Monuments d'art contemporains*, une série de planches, gravées en taille douce, où les costumes de tous les rangs et de toutes les conditions sociacles seront représentés avec le plus grand soin, la plus parfaite exactitude, et dans leurs détails les plus minutieux. En un mot, il sera traité de manière à former, *non seulement l'historique du costume au moyen-âge, mais encore un véritable ouvrage artistique, dans les figures, scrupuleusement reproduites avec leurs beautés et leurs incorrections, donneront un tableau fidèle des progrès de l'art depuis les temps les plus anciens jusqu'au seizième siècle,* et prouveront à l'évidence l'étroite affinité qu'il y a entre le costume et le développement successif des éléments civilisateurs.

Quelque grands que soient les avantages de cet ouvrage, le prix en est si minime, du moins en ce qui regarde l'édition non coloriée, imprimée en brun, que les artistes, les amateurs, les acteurs, et les archéologues, pourront, à peu de frais, en faire l'utile acquisition.

Les noms célèbres dans le monde savant des collaborateurs de cet ouvrage sont une garantie de l'exécution consciencieuse de leurs promesses : unis dans ces vues depuis de longues années, en correspondance directe avec les artistes les plus illustres de l'Europe, ils sauront vaincre toutes les difficultés que présente leur œuvre, et tenir et au delà toutes les conditions qu'ils se sont imposées.

---

## PLAN ET PRIX DE L'OUVRAGE.

I. L'ouvrage paraîtra en livraisons, chacune de six planches gravées en taille douce, imprimées sur papier grand-raisin, format in-4°, et d'une feuille de texte indiquant le lieu et la date de chaque monument, et donnant les explications nécessaires à l'intelligence des gravures. L'ouvrage sera complet en 100 livraisons.

II. Il se partage en trois divisions :

    1. Des temps les plus anciens jusqu'à la fin du XIIIe siècle ;

    2. Le XIVe et le XVe siècle ;

    3. Le XVIe siècle.

        Il paraîtra à peu près chaque mois un cahier de six planches, tantôt d'une période et tantôt de l'autre, alternativement; un aperçu chronologique sera placé à la fin de chaque période, pour faciliter les recherches.

III. L'ouvrage sera publié en deux éditions :

    1. Une édition non coloriée, format in-4°, papier grand-raisin, avec planches imprimées en brun. — Les couleurs seront indiquées dans le texte avec toute l'exactitude possible. Le prix de cette édition n'est que de 2 francs la livraison.

    2. Une édition sur jésus, retouchée au pinceau, parfaitement à la manière du moyen-âge, et reproduisant en *fac-simile* tous les monuments représentés. — Cette édition, véritable ouvrage de luxe, se place, par son fini et la beauté de son exécution, au premier rang des ouvrages archéologiques publiés en Europe jusqu'à ce jour. Les exemplaires de cette édition de luxe ne seront achevés que sur commande particulière. Le prix de cette édition est de 20 francs la livraison.

L'ouvrage sera précédé d'une courte dissertation, dans laquelle l'art et le goût du moyen âge sont développés, et leurs relations avec le costume de notre époque nettement accusées, ainsi que le caractère propre de chaque période historique.

Douze livraisons sont en vente : L'éditeur a fait tous ses efforts pour que l'exécution typographique de l'ouvrage répondît par sa pureté et l'élégance de ses ornements, à la beauté des planches et à leur importance artistique, et pour que chaque livraison parût exactement à l'époque fixée par les conditions du prospectus.

Tous les libraires et tous les marchands d'estampes de l'Allemagne, de la France, de l'Angleterre, de la Suisse, de la Russie, de la Pologne, de la Suède, de l'Italie, du Danemarck, etc., reçoivent les commissions relatives à cet ouvrage.

MANHEIM 1842.

### HENRI HOFF, Libraire-Éditeur.

---

ON SOUSCRIT A PARIS

Chez BROCKHAUS et AVENARIUS, Libraires, 60, rue Richelieu.

---

Paris Imprimerie de Félix Locquin, 16, rue Notre-Dame des Victoires.

# COSTUMES Z. 63.

## DU

# MOYEN-ÂGE CHRÉTIEN.

—·᠁᠁◆᠁᠁·—

## D'APRÈS DES MONUMENS CONTEMPORAINS

PAR

## J. H. DE HEFNER·ALTENECK.

## PREMIÈRE DIVISION.

DEPUIS LES TEMPS LES PLUS RÉCULÉS JUSQU'À LA FIN DU TREIZIÈME SIÈCLE.

FRANCFORT ˢ/M.        DARMSTADT

HENRI KELLER.    GUILLAUME BEYERLE.

## 1840 — 1854.

# PREMIER AVANT-PROPOS.

Quand un ouvrage, pareil à celui que nous offrons au public, est sur le point d'être terminé, il se trouve que, durant le temps que l'on y a travaillé, il s'est présenté mille circonstances qu'il était impossible de prévoir en abordant ce travail; c'est ce qui a décidé l'éditeur à mettre en tête de cet ouvrage un *„premier avant-propos"*, destiné à fixer l'attention des lecteurs sur plusieurs points essentiels, qui donneront une idée juste de la valeur et de l'application pratique de notre entreprise.

Lorsque l'éditeur a commencé son entreprise, il a cru trouver maint ouvrage déjà existant, dont il ferait la base de son travail; mais il est arrivé que des ouvrages profonds et des investigations sérieuses sur la matière qu'il allait traiter, n'existaient guères que de nom et nullement en réalité. En effet, ce que l'on croyait avoir saisi par les recherches antérieures n'était fondé que sur des passages de poëmes, de chroniques et de documents du moyen-âge, qui, souvent même, avaient été mal interprétés; ou bien, l'on établissait ses connaissances sur des représentations prises de monuments funéraires ou d'autres objets d'art lesquelles portaient le cachet des temps récents où ils avaient été exécutés; car il était assez rare que les investigateurs ou les artistes réussissent à se dégager entiérement des idées reçues pour se transporter dans les temps anciens et pour saisir les paroles et les formes de ces périodes éloignées, telles qu'elles ont été primitivement conçues et senties. Par conséquent l'éditeur s'est imposé, avant tout, le devoir d'exécuter ses représentations d'après des monuments funéraires, des costumes, des armes, de même que d'après des objets de parure, et des objets d'art contemporains, — n'admettant comme modèles que les pièces originales et il a suivi le même procédé relativement aux notes descriptives dont il a accompagné ses représentations.

Dans l'Avant-Propos, imprimé lors de l'émission des premières livraisons de notre ouvrage, nous avons donné l'assurance „que, dans notre oeuvre, nous ne donnerions que très-rarement des représentations copiées minutieusement d'ouvrages déjà existants", — nous ajouterons que nous n'avons jamais été dans le cas de faire usage de ce moyen.

Cet ouvrage a été commencé avec la coopération de plusieurs artistes et savants, qui ne tardèrent pas à se libérer de la tâche qu'ils s'étaient imposée, parce que leurs diverses fonctions les appelaient ailleurs; l'éditeur s'est trouvé, lui seul, dans la position de se vouer exclusivement à l'étude des costumes, son étude spéciale et de prédilection. Nous nous empressons d'exprimer ici notre entière reconnaissance à tous ceux qui, de primo abord, ou plus tard, ont bien voulu coopérer à l'avancement de notre travail; c'est avec la plus grande sollicitude que nous avons cité leurs noms aux passages de notre texte qui regarde ce dont cette oeuvre leur est redevable.

Nous aimons à rendre hommage au concours de nos collaborateurs; toutefois nous sommes obligés de dire que ce qu'ils nous ont fourni ne se monte qu'à la dixième partie de l'ensemble de l'ouvrage; la plus grande partie des représentations, de même que la totalité du texte explicatif, a été à la charge de l'éditeur; c'est lui qui a dirigé toutes les gravures des dessins, qui a exécuté les modèles pour les éditions coloriées, qui, enfin, a dû lui-même aller à la recherche des matériaux, souvent dans des contrées lointaines. Si nous faisons mention de cette circonstance, ce n'est absolument que dans le but de convaincre ceux de Messieurs les Souscripteurs qui ont attendu avec impatience de voir notre ouvrage arriver à son terme, que nous avons mis le temps à profit, en présentant au public dans le cours de l'année 1854, après quinze années d'un travail assidu et pénible, le présent ouvrage, formant une oeuvre complète.

Dans son origine, le plan de l'ouvrage était calculé pour 100 livraisons. Toutefois, l'éditeur, aussi bien que le libraire, ne se fiant pas aux conjonctures de notre époque, et le public, surtout à l'étranger, n'accordant sa confiance à un travail de ce genre que lorsqu'il a sous les yeux un ouvrage complet, l'ouvrage entier a été réduit à 70 livraisons. Toutefois il sera aisé de s'apercevoir que, malgré cette réduction du volume, l'éditeur n'a cessé de mettre toute sa sollicitude à faire entrer dans l'ouvrage la même richesse de matériaux que celle dont il eût été fourni en admettant la division des 100 livraisons, — on trouvera que les dernières livraisons surpassent les premières souvent du double, parfois même du sextuple quant à la richesse du contenu.

Il est de fait que les costumes des divers peuples n'ont point eu leur origine dans le caprice fortuit de quelques individus isolés, mais plutôt dans la direction que, relativement à la formation du goût, a prise une vaste période, une nation entière; c'est pourquoi nous avons choisi les modèles, à l'aide desquels nous avons indiqué les costumes, dans les branches les plus diverses de l'art, et nous les avons groupés de manière à donner une idée complète de l'histoire générale des arts. Aussi trouverons-nous dans cet ouvrage, en outre des représentations d'anciens costumes originaux, d'armes, d'objets de parure, que nous avons toujours placées en première ligne, une série de monuments funéraires, de sculptures de divers genres, de mosaïques, de tapis ouvrés, de peintures en miniature, de fresques, de peintures sur verre et à l'huile etc. Quant à la manière de représenter ces objets, nous nous sommes sans cesse efforcé de rendre, dans toute leur vérité, le style et le caractère des tableaux figurés qui nous présentaient le costume que nous avions à retracer, et à mettre la même sollicitude dans le dessin des ornements accessoires, architectoniques ou autres; car souvent ces détails nous aident à caractériser le goût de telle ou telle période parfois même nous y trouvons la base du style d'un costume dominant.

On pourrait nous reprocher de nous être surtout occupé de l'Allemagne dans notre ouvrage, tandis que le titre de „Costumes du Moyen-âge chrétien" semblait annoncer que d'autres nations avaient également droit à être représentées dans cette collection. Nous conviendrons assurément que cette entreprise est surtout marquée du sceau d'un ouvrage allemand, mais nous ferons observer qu'au moyen-âge ce qui influençait sur le caractère des costumes, c'était moins la diversité des pays, que la religion, les rapports politiques et les différentes époques; dans le cours de notre travail, nous avons appuyé cette assertion de preuves nombreuses.

Malgré cela, nous n'avons pas négligé de représenter des costumes étrangers de divers pays, portant le caractère du christianisme, sur l'origine desquels nous avions des données positives, et nous n'avons préféré ceux de l'Allemagne que lorsque nous n'avons trouvé aucune différence essentielle dans les costumes des autres pays. Ce n'est que vers la fin *du moyen-âge* que se prononce une différence marquée des costumes dans les diverses nations; or, dans la III° division de notre ouvrage, nous avons eu soin de reconnaître cette différence.

Nous avions eu l'intention de joindre à notre description des divers pièces appartenant aux costumes les *dénominations usitées au moyen-âge*. Nous ne tardâmes à nous apercevoir des difficultés d'une pareille entreprise. C'est ainsi, par exemple, que plusieurs appellations, désignant une *cuirasse* (en allem.: Harnisch) sont restées les mêmes durant tout le moyen-âge, tandis que dans ce même espace de temps, ce genre d'armure a subi de nombreuses variations, et quant à sa forme et quant à la matière dont elle était fabriquée. Or, si nous avions désigné ces variétés au moyen d'expressions prises du moyen-âge, cela nous eût écarté de notre but, d'autant plus que, d'après le plan de notre ouvrage, les pays étrangers pouvaient, aussi bien que l'Allemagne, exiger l'emploi des expressions de leur ancien idiome respectif. Plusieurs écrivains modernes donnent aux dénominations de ce genre, en usage au moyen-âge, une acception ou une application qui n'est pas juste, ce n'est point parce qu'ils ne sont pas versés dans le vieux langage, mais parce qu'ils ont rarement sous les yeux les objets que ces termes servent à désigner. Nous avons cherché à mettre la plus grande clarté dans les objets représentés, ainsi que dans nos descriptions, et nous laissons aux étymologistes le soin de les mettre d'accord avec les passages de la littérature du moyen-âge.

Nous pensons n'avoir rien omis de ce qui peut nous conduire au but principal de notre ouvrage, lequel nous n'avons jamais perdu de vue. Toutefois on comprendra facilement qu'il n'a pu entrer dans notre plan de représenter toutes les variétés, toutes les nuances des costumes, qui vont jusqu'à l'infini, telle que, par exemple, la série des costumes de tous les ordres ecclésiastiques et séculiers, toutes les espèces d'armures et d'armes qui ont été en usage au moyen-âge; car une entreprise pareille suffirait pour remplir un ouvrage à part, bien plus volumineux que le nôtre. C'est pourquoi nous croyons avoir rempli la tâche que nous nous sommes imposée en indiquant les points carastérisques où viennent s'appuyer les diverses branches qui appartiennent à l'ensemble; de cette manière, il sera facile de se retrouver dans la classification d'un costume qui ne serait pas représenté dans notre ouvrage.

Si les dernières livraisons de chacune des divisions de notre ouvrage ont gagné tant relativement au contenu que sous le rapport d'une exécution plus soignée, on ne voudra assurément pas accuser l'éditeur d'inconséquence, mais on se plaira peut-être à reconnaître notre oeuvre comme ayant été le résultat de notre amour pour la science qui s'y trouve traitée; on aimera peut-être à voir que, tout en approchant du terme de notre entreprise, nous avons sans cesse cherché à étendre nos propres études pour mieux instruire; en un mot, on établira sans doute une comparaison entre notre ouvrage et les entreprises qui, basées uniquement sur l'intérêt matériel, ne laissent de promettre beaucoup par la publication des premières livraisons.

L'éditeur s'empresse de témoigner ici sa profonde reconnaissance pour l'intérêt que les amis de l'art et des sciences historiques, les artistes, les archéologues, ont bien voulu témoigner à l'éditeur, même avant que son oeuvre fût entièrement terminée. Il se permet seulement d'exprimer un regret, c'est que maints artistes dans le genre historique, du reste pleins de talents et d'avenir, croient encore toujours que la vérité historique du costume est une entrave pour l'imagination de l'artiste et nuit à la beauté d'une composition. Nous leur répondrons franchement qu'ils ne sont point assez au fait de la matière; car, s'ils avaient approfondi l'étude des costumes anciens, ils sauraient que chacune des périodes du moyen-âge se trouve enrichie d'une si grande variété de costumes, et que l'artiste, tout en restant fidèle à la vérité historique, a un si grand choix de vêtements pittoresques à sa disposition que ni son imagination, ni la conscience qu'il a du beau, ne s'en trouveront restreintes ou blessées; nous ajouterons même que nous ne croyons pas qu'un artiste, pris individuellement, invente un costume qui, pour la beauté et l'harmonie de l'ensemble, surpasse celui qui doit son origine à une nation entière et qui s'est perfectionné durant l'espace de tout un siècle.

Un fait historique, saisi dans toute sa vérité et accompagné du costume exact de l'époque, a souvent produit de nos jours l'impression du vrai et du beau, même sur ceux qui ne sont pas initiés dans les secrets de l'art et sur l'ignorance desquels les artistes se plaisent encore toujours à compter.

Même durant la publication graduelle des livraisons, l'éditeur a déjà éprouvé la jouissance de voir que son travail a été apprécié dans d'autres ouvrages allemands et surtout en Angleterre; on a daigné le regarder comme une source authentique à laquelle on est venu puiser pour tels ou tels extraits, et l'on a eu l'obligeance de nous citer comme l'auteur des emprunts qu'on nous a faits. Mais en revanche, nous nous sentons porté, non point par un sentiment d'amour-propre blessé, mais par un sentiment de justice et de vérité, à déclarer que l'ouvrage intitulé: „*Le Moyen-âge et la Renaissance*" rédigé par MM. Paul Lacroix et Ferdinand Serré, à Paris, s'est enrichi d'un certain nombre de représentations prises de notre oeuvre de costumes et contrefaites à l'aide de la chromolithographie sans qu'on se soit donné la peine d'indiquer la source à laquelle on a puisé ou même de citer notre nom. Au contraire, M. Serré a signé souvent nos dessins de son propre nom; c'est ainsi que nous voyons au-dessous de plusieurs de ces contrefaçons les noms de H. Soltau, Schultz, A. Rivoud, Edouard May etc. Il y a plus; le texte explicatif de leur oeuvre nous présente la chose de manière à faire croire que ce sont eux qui ont découvert les objets originaux, et non point nous, tandis que, jusqu'à ce jour, ils ne les ont jamais vus, ces objets.

Quiconque se donnera la peine de comparer les deux ouvrages, ne tardera pas à reconnaître la vérité de notre assertion; toutefois, chacun ne se trouvant pas à portée d'établir cette comparaison, nous sommes ici obligé de faire cette déclaration, d'autant plus qu'on est généralement plus disposé à croire que les Allemands imitent les Français qu'à admettre l'inverse. C'est pourquoi nous allons indiquer les planches de notre œuvre qui ont été contrefaites dans l'ouvrage français:

Division  I. Planche 15, 18;
,,      II.  ,,  4, 5, 12, 16, 23, 60,
,,      III.  ,,  3, 19, 21, 25, 26, 28, 30, 31, 32, 34, 35, 37, 39, 45.

Ces messieurs ont réitéré leurs procédés peu délicats au sujet de notre second ouvrage: „*Objets d'art et Meubles du Moyen-âge et de la Renaissance*" publié par C. Becker et J. de Hefner-Alteneck. Pour induire plus facilement le public en erreur, ils ont cité à plusieurs reprises le nom de M. C. Becker comme dessinateur, et ils ont tracé son nom au-dessous de représentations qu'il n'a jamais dessinées, ni pour notre propre œuvre originale, et encore moins pour leur contrefaçon. Nous nous abstenons de toute réflexion ultérieure, et nous nous en remettons au jugement de ceux qui sont pénétrés du sentiment de ce qui est juste et de ce qui doit constituer les beaux-arts.

Cette *Premier Avant-propos* est suivi de *l'Avant-propos*, rédigé lorsque nous avons commencé notre travail.

En parcourant l'avant-propos, on ne pourra se dissimuler qu'en abordant cette entreprise, nous ignorions complètement que nous trouverions si peu de travaux préparatoires, et de quelle importance notre entreprise serait en effet pour l'époque où nous vivons; toutefois nous y trouverons des données exactes relativement au but, à l'application et à la classification de l'ensemble.

*L'Introduction* a été également rédigée avant que nous ayons commencé l'ouvrage, et, à cet égard, nous avons puisé aux meilleures sources connues jusqu'alors. On comprendra aisément que, durant le cours de l'exécution de notre entreprise, bien des faits sont arrivés à plus de lucidité; toutefois notre introduction n'en offrira pas moins à nos lecteurs un précis succint et général de l'histoire des Costumes, et, sous ce rapport; elle paraîtra sans doute avoir rempli son but. Si, par suite de l'état où en étaient les études de cette nature lorsque l'introduction a été rédigée, quelques dates n'ont pas été indiquées avec toute l'exactitude possible, si quelques autres erreurs s'y sont glissées, tout cela se trouvera redressé et expliqué, sinon dans les premières livraisons, du moins dans le cours et surtout vers la conclusion de notre ouvrage.

Nous nous faisons un devoir, en terminant ces lignes, d'exprimer toute notre reconnaissance au graveur, M. Charles Régnier, dont le burin a rendu sur le cuivre, à peu d'exceptions près, tous les dessins de cet ouvrage, et cela avec une exactitude, une intelligence et une persévérance au-dessus de tout éloge. Ce genre de travail était aussi nouveau pour cet artiste, c'est pourquoi nous remarquons également des progrès sensibles après les premières livraisons de chacune des trois divisions.

Bien que l'éditeur, après de nombreuses années d'efforts considérables, n'ait eu d'autre récompense que la satisfaction d'avoir publié et heureusement conduit à terme une oeuvre, qui, nous nous assurons, ne sera pas sans utilité pour l'étude des arts et des sciences historiques, il ne saurait s'empêcher de mentionner de la manière la plus honorable les libraires-éditeurs qui l'ont aidé à réaliser son entreprise. Il est évident que ces messieurs ne sont point du nombre de ces entrepreneurs de publications qui n'ont en vue qu'une spéculation lucrative; ils ont partagé avec nous ce sentiment d'honneur et d'amour pour la science qui nous a animé durant l'exécution de ce long et pénible travail; ils n'ont reculé, ni devant les dangers, ni devant les fatigues de cette entreprise. Peu de personnes, sans doute, sont à même de se faire une idée juste des efforts, de la persévérance et des grands sacrifices pécuniaires qu'il en coûte au libraire-éditeur pour publier un ouvrage qui a du se recommander par lui-même, qui a occupé, durant un grand nombre d'années, des imprimeries et des atteliers de coloristes, et qui jamais, à l'instar de presque toutes les grandes entreprises de ce genre, n'a aspiré, sous le prétexte d'être une oeuvre nationale, à la faveur d'être encouragé et soutenu par l'état, ou par quelque protecteur du haut parage.

L'éditeur ou auteur:

### le docteur Jacques Henri de Hefner-Alteneck.

*Prof. Acad.*

TRACHTEN · DES · CHRISTLICHEN · MITTELALTERS ·

ERSTE ABTHEILUNG

VON · DER · AELTESTEN · ZEIT · BIS · ZU · ENDE ·
DES · 13ten · JAHRHUNDERTS ·

# I. Division.

## Table des Costumes contenus dans cet ouvrage d'après l'ordre chronologique.

| Date. | Planche. | Indication des costumes. | Nom des personnes auxquelles ils ont appartenu. | Nom du lieu où ils ont été trouvés. |
|---|---|---|---|---|
| vers 500 | 38 | Costume de femme (peigne de toilette) | | Geisenheim. |
| v. 548 | 92 | Costumes d'impératrice, de dames et d'hommes de la vie privée | L'impératrice Théodora, morte en 548. | Ravenne, *S. Vitale.* |
| v. 565 | 91 | Costumes d'empereur, de guerriers et costumes d'hommes de la vie privée | Justinien, empereur m. en 565 | ., .. |
| v. 807 | 29 | Costume de prince | Willekind, duc, m. en 807 | Engern en Westphalie, église. |
| v. 850 | 7 | .. d'empereur | | Munich, à la bibliothèque. |
| — | 13 | .. ,, de dames | | Heidelberg, bibliothèque. |
| — | 31 | .. de dames | | Darmstadt, bibliothèque |
| — | 32 | ,, de prêtres. | | .. .. |
| — | 76 | d'empereur; bordures (style lombard.) | | *Sta. Trinta della Cara,* monastère. |
| — | 96 | { ,, d'hommes ,, de dames Parure | | { Munich, à la bibliothèque, Munich, dans la collection réunie. Munich, de Hefner. |
| v. 860 | 19 | { Costume de princes .. de guerriers | | *Sta Trinita della Cara,* monastère. |
| v. 877 | 37 | { .. d'empereur .. de dames .. de guerriers | Charles-le-Chauve, m. en 877 | Rome, *S. Calisto* |
| v. 950 | 50 | Empereur, impératrice, dames, guerriers | | Stuttgart, bibliothèque. |

| Date. | Planche. | Indication des costumes. | Nom des personnes auxquelles ils ont appartenu. | Nom du lieu où ils ont été trouvés. |
|---|---|---|---|---|
| v. 950 | 51 | Costumes de guerriors | | Stuttgart, bibliothq. |
| — | 52 | „ d'empereur, (lits; candélabres) | | „ „ |
| — | 53 | Costume d'empereur „ d'hommes Meubles (instruments de musique) | | „ „ |
| — | 74 | Empereur, guerrier, hommes et femmes; Meubles | | „ „ |
| — | 75 | Empereur, guerriers, prêtres, hommes et femmes; meubles | | „ „ |
| — | 95 | Empereur, guerriers, prêtres, femmes | | Furth, M. Pickers. |
| v. 973 | 73 | Empereur, impératrice | Othon I, mort en 973; Editha, son épouse. | Magdebourg; cathédrale. |
| v 980 | 78 | Empereur, évêque | | St. Omer, biblioth. |
| v.1000 | 47 | Costume de prêtre (moine) | Lintbarius, moine | Aix-la-Chapelle, cathédrale. |
| — | 48 | Costume d'empereur „ de guerrier „ de prêtre | Othon III, empereur, m. en 1002. | „ „ |
| v.1011 | 11 | „ d'évêque (aube) | Willigis, archévêque, m. en 1011 | Mayence, église de St.-Etienne. |
| v.1022 | 66 | Costume d'évêque (anneau), bordures | St. Godehard, 1022—38 | Wurzbourg, M. Becker. |
| v.1024 | 1 | Costume d'empereur | Henri II, m. en 1024 | Munich, bibliothèque. |
| — | 2 | „ „ | „ | „ „ |
| — | 43 | „ „ „ d'impératrice | Cunégonde. m. en 1040 | Bamberg, bibliothèque. |
| v.1050 | 22 | „ d'empereur (manteau) | | Metz, cathédrale. |
| — | 30 | „ d'homme | | Bâle, „ |
| — | 33 | „ de guerrier | | Bamberg, bibliothèque. |
| — | 35 | „ de dames | | Milan, bibliothèq. Salzbourg, couvent de St. Pierre. |

| Date. | Planche. | Indication des costumes. | Nom dés personnes auxquelles ils ont appartenu. | Nom du lieu où ils ont été trouvés. |
|---|---|---|---|---|
| v. 1050 | 36 | Costume de prêtres. | | Salzbourg, couvent de St.Pierre. Fribourg en Brisg., M. le docteur Schreiber. |
| — | 39 | Crosse d'évêque | | Bamberg, cathédrale. |
| — | 42 | Costume d'empereur ,, de dames ,, d'hommes ,, de prêtre | | Bamberg, bibliothèque. |
| — | 54 | Meubles (bordures, fourreau de couteau) | | Bamberg, cathédrale. |
| — | 57 | Costume d'hommes ,, d'évêques ,, de moines | | Munich, de Hefner. |
| — | 65 | ,, de guerriers glaive | | Metz, bibliothèque. Munich, de Hefner Erbach, dans l'Odenwald. |
| — | 72 | Costume d'église, prêtre | | Stuttgart, biblioth. |
| — | 83 | Costumes d'hommes Meubles (instruments de musique) | | Leipsick, biblioth. |
| — | 87 | Cost. d'église; pape, diac. | | |
| — | 89 | Roi, hommes, dames | | '' '' |
| — | 90 | Empereur, dames | | '' '' |
| — | 93 | Costume de guerre, fourreau de glaive Crosse d'évêque (bouton) | | Bamberg, cathédrale. |
| v. 1080 | 58 | Costume d'empereur | Rodolphe de Souabe, m. en 1080 | Mersebourg, cathédrale. |
| v. 1090 | 12 | ,, de guerriers | | Munich, de Hefner. Aschaffenbourg, bibliothèque. |
| v. 1103 | 34 | ,, d'évêque (mitre) | Othon-le-Saint 1103. m. en 1130 | Mersebourg, cathédrale. |
| v. 1150 | 45 | ,, d'empereur ,, de guerrier | | Heidelberg, bibliothèque. |
| — | 46 | ,, de prêtre (aube) | St. Bernard, m. en 1153 | Aix-la-Chapelle, cathédrale. |

| Date. | Planche. | Indication des costumes. | Nom des personnes auxquelles ils ont appartenu. | Nom du lieu où ils ont été trouvés. |
|---|---|---|---|---|
| v. 1150 | 61 | Costume d'empereur „ de guerrier | | Rome, église de St.-Pierre |
| — | 62 | „ de prêtres „ de dames | | „ „ |
| — | 63 | „ de guerriers (heaumes) | | Athènes, château. |
| — | 64 | „ de prince „ de dames „ d'hommes | | Aschaffbg. biblioth. |
| — | 76 | „ d'église (moine) | | Stuttgart, biblioth. |
| -- | 71 | „ d'enfant | | Rome, église de St. Pierre. |
| 1180 | 60 | „ de prince „ de dames | Sibotto, comte | Munich, biblioth. |
| v. 1190 | 23 | „ d'empereur | Frédéric I. Barberousse m. en 1190 | Reichenhall, couvent de St. Zénon. |
| — | 25 | „ „ „ d'impératrice „ d'évêque | „ „ Béatrix, son épouse Othon, évêque de Freising | Freising, cathé- drale. |
| 1191 | 56 | Empereur; impératrice | | Gotha, bibliothèque. |
| v. 1200 | 18 | Costume de guerrier (pierre funéraire) | | Worcester, cathé- drale |
| v. 1218 | 4 | Costume de guerrier | | Constance, cathédral. |
| — | 5 | „ „ | | „ „ |
| v. 1241 | 79 | „ „ (Ordre Teutonique) | Conrad de Thuringe m. en 1241 | Marbourg, église de Ste. Elisabeth. |
| — | 80 | Costume de guerrier et bouclier | „ „ | „ „ |
| v. 1244 | 59 | „ d'hommes | Othon de Botenlauben, m. en 1244 | Frauenrode près de Kissingen, église. |
| v. 1249 | 8 | Crosse d'évêque | Sigefroi III, archevêque. m. en 1249 | Mayence, cathédrale. |
| v. 1250 | 3 | Costume de prince „ de guerrier „ d'évêque | | Francfort s. l. M., Frédér. Hoffstadt Munich, de Hefner. |
| — | 9 | „ „ (sceau d'Achaffen- bourg, crosse et anneau) | | Munich, de Hefner. Mayence, cathéd. |

| Date. | Planche. | Indication des costumes. | Nom des personnes auxquelles ils ont appartenu. | Nom du lieu où ils ont été trouvés. |
|---|---|---|---|---|
| v. 1250 | 10 | Costume d'évêque (pierre tumulaire) | Érembert | Freising, cathédrale. |
| — | 15 | Costume d'empereur (sceptre) | | Wurzbourg, M. le professeur Müller. |
| — | 28 | Costume d'évêque | | Worms, cathédrale. |
| — | 40 | Costume d'hommes<br>,, de dames<br>,, de guerrier | | Heidelberg, bibliot. |
| — | 41 | ,, d'empereur<br>,, d'évêque<br>,, de guerrier<br>,, d'hommes | | ,, ,, |
| — | 44 | ,, d'empereur | | Cologne, cathédrale. |
| — | 49 | ,, d'hommes<br>,, de dames | | Hainbuchenthal dans le Spessart; pasteur Siegel. |
| — | 55 | ,, d'empereur<br>,, d'hommes | | ,, ,, |
| — | 60 | ,, de dames | Béatrix de Botenlauben, m. en 1250 | Frauenrode près de Kissingen; église. |
| — | 84 | ,, de guerriers | | Erbach dans l'Odenwald. Sigmaringen, M. Ch. de Mayenfisch. |
| — | 86 | ,, d'hommes<br>,, de femmes | | Leipsick, bibliothèque. |
| — | 88 | ,, de guerrier | | Leipsick, biblioth. ,, halle des drapiers |
| — | 94 | ,, ,,<br>,, de dames | | Munich, bibliothèque. |
| v. 1264 | 85 | ,, d'hommes<br>,, de dames | Comte Ernest de Gleichen, m. en 1264 | Erfurt, cathédrale |
| 1266 | 26 | ,, d'empereur avec l'aigle (brodure) | | Wurzbourg, société historique. |
| 1276 | 68 | Costume de guerriers | Charles-Didier III., comte de Catzenelnbogen m. en 1276 | Wisbaden, musée. |
| v. 1280 | 6 | ,, ,, | | Heilsbronn, monast. |
| — | 77 | Rol. guerrier, dames | | Metz, bibliothèque. |
| v. 1281 | 21 | Couronne d'impératrice | L'impératrice Anna, m. en 1281 | Berlin, musée. |

| Date. | Planche. | Indication des costumes. | Nom des personnes auxquelles ils ont appartenu. | Nom du lieu où ils ont été trouvés. |
|---|---|---|---|---|
| v. 1281 | 67 | Costume d'impératrice " d'enfant | L'impératrice Anna et son fils Charles. | Bâle, cathédrale. |
| v. 1290 | 14 | " de dames | | Fribourg en Brisgau, cathédrale. |
| v. 1298 | 81 | " de guerrier | Henri, landgravo de Hesse, m. en 1298. | Marbourg, église de Ste. Elisabeth. |
| — | 82 | " " et bouclier | " " | " " |
| v. 1299 | 27 | Costume de guerrier | Comte de Catzeneln-bogen | Biebrich, jardin ducal, |
| v. 1300 | 16 | " " | Le chevalier Gautier de Klingen | Paris, bibliothèque |
| — | 17 | " de dames | | " " |
| — | 20 | " d'hommes (mineurs) | | Fribourg en Brisgau, cathédrale. |
| — | 24 | " de prince | Conradin, m. en 1268 | Paris, bibliothèque. |

# Avant propos.

Un vif intérêt pour le moyen âge et son étude approfondie, s'étant réveillé, le costume, ou la représentation extérieure des vêtemens, des ustensiles et des accessoires produits par les arts, mérite, non seulement de l'attention, mais nécessite les connaissances les plus exactes, pour donner une juste idée du moyen âge.

La variété du caractère des monumens et du costume, nous montre souvent d'une manière surprenante, l'état des *nations*. La rudesse à côté d'une pompe barbare et puérile; la passion de combattre à côté d'hommages chevaleresques pour les femmes; l'autorité du prince et le train de la cour à côté d'un civisme libre; les aisances de la vie dans la force de la jeunesse et l'abondance à côté du réveil d'une plus grande maturité d'ésprit; les richesses de l'Espagne par l'introduction de ses modes exagérées; la dignité modeste du clergé; l'accroissement de la puissance hiérarchique &c.

Un livre de costume tiré consciencieusement des objets et des monumens de ces temps là, et les représentant fidèlement dans leurs particularités, leurs avantages et leurs défauts, a, non seulement un intérêt spécial pour l'historien; mais un intérêt général pour chaque homme instruit. Une telle collection des costumes du moyen âge est d'autant plus importante et devient même indispensable à l'artiste, d'après ce que l'époque actuelle prétend de lui; elle exige une véracité historique et lui offre l'occasion de représenter l'histoire nationale sur une échelle si vaste, telle qu'on ne l'a pas encore vue chez nous jusqu'à présent; nous ne voulons rapeller ici par exemple, que les entreprises de Munich, Francfort et Aix la Chapelle. On a souvent vu à ce sujet dans quel embarras les artistes se trouvent à l'égard des costumes im-

1

portans, et combien les livres de costumes publiés jusqu'à nos jours en Allemagne sont incomplets et insuffisans; combien il est difficile et même souvent impossible à l'artiste de faire des recherches de monumens, là où il en aurait le plus besoin. Ces remarques démontrent suffisamment combien un livre du costume du moyen âge, traité avec exactitude historique est à désirer et elles tiennent en même temps lieu d'une plus ample justification de cette entreprise.

On ne fera mention ici, ni des difficultés qu' offre l'exécution d'un ouvrage comme celui-ci, ni des moyens employés pour remplir convenablement cette tâche; en ce qu'on comprend facilement les premières et que l'écoulement de l'édition de cet ouvrage prouvera suffisamment les derniers. Par contre il faut donner le point de vue sous le quel l'éditeur a rassemblé ses matériaux, pour faciliter par là un aperçu de cet ouvrage et son emploi.

Quant à ce qui concerne la dénomination (moyen âge) il faut la prendre dans sa plus ample signification, et elle embrasse à peu près le tems de la chute de l'empire romain d'occident (478 ans après la naissance de J. C.) jusque vers le milieu du XVI⁰ siècle. Il n'est pas dit par là que les traits caractéristiques qui désignent le moyen âge soient strictement renfermés dans ces bornes; il faut seulement en adopter les limites. A l'égard du costume, nous voyons encore dominer les usages antiques, jusqu' au temps des Carlovingiens; et la fin du 16⁰ siècle montre encore les indices de son commencement.

Le monde antique diffère du moyen âge sous deux rapports, l'un religieux l'autre politique; par le christianisme avec ses établissemens ecclésiastiques. et par le régime féodal des peuples germaniques. Ces deux institutions ont amené un renversement total des rapports généraux de la vie publique. L'évangile du Christ développa dans ses adeptes une nouvelle tendance spirituelle, donna aux mœurs un caractère plus doux, rétablit le vrai rapport entre l'homme et la femme, fortifia le sentiment de la pudeur, qui n'est pas resté sans influence sur les vêtemens (surtout comparativement au costume antique) en couvrant davantage quelques partie du corps. Le régime féodal avec son institution belliqueuse et ses divisions par castes fit dominer le pouvoir militaire et par là donna pour longtems la prédominence au costume guerrier. Les croisades excitèrent l'imagination des peuples, réveillèrent de nouvelles idées, élevèrent l'esprit, ce qui fit fleurir le XIIIᵐᵉ siècle, mais augmenta toujours davantage le luxe et la magnificence des costumes. D'un autre côté la hiérarchie combattant l'esprit de guerre et de caste a, moyennant ses institutions ecclésiastiques et surtout le monachisme, introduit peu à peu un nombre jusqu' alors inconnu de vêtemens ecclésiastiques de différentes espèces. Nous avons donc à considérer les costumes séculiers depuis celui du prince jusqu' à celui du dernier des soldats, des bourgeois, des paysans et de leurs femmes, de celui du plus élevé des évèques jusqu' à celui du moindre moine ou anachorète. La différence des rangs produisit une diversité dans les costumes: les diverses époques de la Chrétienté européenne ont aussi subi de grands changemens dans le vêtement, dans l'armure et surtout dans le costume. On le voit cependant moins chez les ecclésiastiques que chez les laïques, dont les vêtemens ont depuis les croisades, toujours adopté de nouvelles formes et augmenté en richesse jusqu' à ce que dans les XVᵐᵉ et XVIᵐᵉ siècles, ils aient dégénéré en frivolité. Ces données générales sont applicables à tous les peuples de l'Orient, mais y trouvent une exception dans les basses classes du peuple, en ce que d'après les propriétés du

climat de leurs habitations, il se forma des costumes fixes
locaux qui diffèrent plus ou moins entre eux.  Il parait que
cela est résulté de ce que, dans quelques contrées et surtout
en Italie, les vêtemens antiques des anciens temps de l'empire
furent conservés à peu près de modification, tandis que dans
d'autres ils éprouvèrent des changemens, tant par nécessité,
par la nature des matériaux existants, que par les grandes
vicissitudes que les modes généralement dominantes amenèrent
dans les époques, qui furent alors conservées assez longtems,
et qui quoique toujours plus rares, existent encore en partie.

Quant à la division plus précise de l'ouvrage, le public
indulgent voudra bien approuver l'auteur de ce qu'il n'a
pas employé les expressions de byzantine, antigothique et
gothique, qui quoique très souvent employées, sont très
arbitraires; mais qui par contre divisa la masse des matériaux en 3 parties, qui se rapportent à autant de périodes
assez fortement séparées par le costume.  Nous avons donc
en conséquence partagé notre livre de Costume dans les
trois parties suivantes:

1. Des temps les plus reculés jusqu'à la fin du XIII<sup>me</sup>
siècle.

2. Quatorzième et quinzième siècle.

3. Seizième siècle.

La raison pour laquelle la première partie renferme
l'espace de temps le plus long et la dernière le plus court,
est, que les premiers temps nous offrent moins de changemens dans les costumes que les temps postérieurs, mais d'une
autre part aussi, en ce que les monumens et les objets encore conservés deviennent toujours plus rares à mesure que
nous reculons vers les temps du moyen âge.  Relativement à l'ordre suivi dans les livraisons des parties déta-
chées, il paraitra alternativement, tantôt un cahier de l'une,

tantôt un cahier de l'autre, de sorte que les trois divisions
seront complettées à peu près en même temps. Ne pouvant
prévoir quelles découvertes on pourrait encore faire par
rapport à notre objet pendant la durée de l'édition, il semble
convenable de ne pas observer d'abord de ligne chronolo-
gique suivie dans chacune des divisions, et de ne donner
dans l'introduction qu'un apperçu facile à saisir et appli-
cable au costume du moyen âge; mais de placer à la fin
de l'ouvrage une table de planches, selon l'ordre chrono-
logique pour chacune des trois parties.

Les costumes qu'on offre ici sont pour la plupart extraits des originaux mêmes; ceux copiés d'après des gravures fidèles, existantes déjà dans d'autres ouvrages, ne
forment que de rares exceptions; de tous les objets dont on
peut garantir l'exacte représentation. Cependant on pourrait
peut-être objecter, que comme maintenant les statues-por-
traits sont souvent costumées arbitrairement cela peut avoir
aussi eu lieu dans le moyen âge, et qu'on pourrait être aussi
peu sûr d'avoir sous les yeux dans les gravures de ce costume
les vêtemens du moyen âge, que ce n'est le cas avec l'Empereur Joseph II. à Vienne et le Duc Eugène de Leuch-
tenberg à Munich, tous deux représentés à l'antique.

On peut répondre à cela que les artistes du moyen âge
en ont agi différemment et avec beaucoup de naïveté, que
même lorsqu'ils représentaient des événemens ou des personnages des temps reculés, ils employèrent (cependant à
l'exception des personnes du type de l'histoire sainte) toujours les costumes de leur époque. Ce n'est que dans le
XVI™ siècle que nous trouvons aux figures de bronze du
tombeau de l'Empereur Maximilien à Insbruck des costumes
de fantaisie et qu'au XVII™ ceux tirés de Rome antique.
Certainement il y a des cas où les figures-portraits qui

n'ont été faits que longtems après la mort de ceux qu'ils
devaient représenter, montrent le costume du temps où ils
vivaient, tels que les statues des Mérovingiens que Saint
Louis fit faire pour St. Denis au XIII° siècle, ou les statues
de Henry second et son épouse, à l'extérieur et dans l'intérieur
du dôme de Bamberg dont les deux premières avec des
auréoles, appartiennent au XII° et les deux dernières au
XV° siècle. Aussi apportera-t-on dans cet ouvrage les
plus grands soins à citer en pareil cas l'époque de la
création du monument, et le texte donnera des notes historiques, le lieu où l'objet se trouve, avec quels matériaux
il a été exécuté, et tous les éclaircissemens possibles.
De cette manière, on peut s'attendre que la précision des
planches de ce livre de costume pourra en faire un ouvrage
historique d'art qui sous de certains rapports rendra compte
du cours de la civilisation et des arts.

Ayant principalement considéré dans la publication de
cet ouvrage, son acquisition et son utilité pour l'artiste, on
a pour les faire mieux comprendre, offert sous plusieurs
aspects certaines planches exécutées d'après des costumes
et des armes qui existent encore, et on a décrit dans le
texte les couleurs avec la plus grande exactitude pour les
éditions non coloriées.

Qu'il soit permis à l'éditeur pour terminer cet avant-
propos d'exprimer le désir, que comme le seul but de con-
tribuer en quelque chose à des connaissances plus spéciales du moyen âge, a été l'agréable véhicule de cette
entreprise, elle veuille trouver un accueil bénévole parmi
les amis des arts et des sciences.

# Introduction.

L'abrégé suivant du Costume du moyen âge et de ses changemens doit servir d'une part comme d'aperçu facile de cet objet, et de l'autre il peut être considéré, comme le complément des représentations du Costume des époques antérieures; car nous avons conservé peu de monumens des temps des Mérovingiens, des Carlovingiens, des Lombards et des empereurs saxons, qui nous donnent des éclaircissemens à cet égard; tandis que les auteurs contemporains contiennent souvent là-dessus d'intéressantes notices, qui doivent en partie trouver ici une place.

Si nous remontons au temps des anciens peuples germaniques, qui déterminèrent essentiellement le caractère du moyen âge, nous ne les apercevons encore qu'à demi-civilisés, mais adoptant peu à peu les sciences et les arts antiques, ils prennent aussi la manière de se vêtir et de s'armer de l'antiquité romaine. Ceci se fait remarquer, même encore avec des modifications, dans les édifices, les sculptures, les médailles, les sceaux et les miniatures du temps des Mérovingiens et des Carlovingiens.

## Epoque des Mérovingiens jusqu'à Charlemagne.

Les hommes portaient une longue barbe et les cheveux flottans. Adon et Sigebert rapportent, que Clodion, fils de

Pharamond, le premier Roi, portait de longs cheveux. C'était parmi les germains le signe d'une noble extraction, puisqu'on coupait les cheveux aux esclaves. L'habillement, qu'on avait chez soi, consistait en une longue tunique attachée avec une ceinture ornée. Pour sortir, on y ajoutait un long manteau fixé sur l'épaule droite avec un bouton ou une agrafe. L'habit de guerre (Sayon) était court et étroit. Le manteau, qu'on portait dessus à la manière des Chlamys grecs, était pareillement fixé sur l'épaule droite.

La Statue de Clovis faite dans ce temps là et qu'on voit encore devant le portail de l'église de Notre-Dame à Corbeil, montre le costume des rois Mérovingiens. Elle porte une barbe courte et de longs cheveux, sur la tête un cercle d'or garni de pierreries. La tunique est large et descend jusque sur les pieds: les manches sont longues et amples: le manteau brodé aux bords et garni de pierreries, est tout à fait à la mode romaine et fixé sur l'épaule droite. Les souliers sont décorés. Dans sa main droite elle tient un sceptre qui se termine par un riche bouton de fleur. D'après Grégoire de Tours, l'Empereur Anastase fit présenter au roi Clovis par son Ambassadeur dans la ville de Tours, un diadème richement orné de pierres précieuses, et un manteau de pourpre magnifiquement brodé. Le roi reçut avec joie ces attributs de la dignité royale, et s'en étant revêtu, il monta à cheval. Le peuple assemblé le vit paraître avec transport, et lui donna publiquement le titre de Consul et d'Auguste.

Les Mérovingiens et les Carlovingiens portaient aussi quelquefois le Diadème et la couronne royale, sur un bonnet qui variait de forme. Leurs sceptres différenciaient aussi dans leur longueur et dans les ornemens de leurs extrémités. Celui, dont Dagobert se servait, se terminait par une main.

tenant une boule, sur la quelle était un oiseau, probablement un aigle.

D'après une statue de la reine Clotilde, épouse de Clovis, qui se trouve aussi devant le portail de Corbeil, l'habillement des femmes consistait en une longue robe d'étoffe précieuse, montant au dessus de la poitrine jusqu'au cou et extrèmement plissée depuis les hanches. Les manches sont très amples à l'avant bras et frisées à l'ourlet. La ceinture est nouée devant et a de longs bouts. A son cou est suspendu un collier avec une rosette ornée de pierreries et de perles. Les cheveux pendent en quatre tresses entourées de rubans: deux tresses de chaque côté. Son visage est découvert, et sur son voile elle porte un cercle d'or, richement garni de pierreries et de perles. Les souliers sont d'étoffe précieuse.

Dans sa relation sur l'équipement des Francs sous Clovis, Sidonius Apollinarius dit: Les hommes sont très grands et portent des habits fort étroits: ils ont une ceinture au milieu du corps et y attachent leur glaive. Ils jettent leurs haches d'armes et leurs lances avec force et ne manquent jamais le but; ils manient leurs boucliers avec une grande agilité.

Procopius, sécrétaire de Bélisaire, témoin oculaire de l'héroïque campagne des Francs sous le roi Théodebert, rapporte ce qui suit: parmi les cent mille hommes que Théodebert avais conduits en Italie il n'y avait que très peu de cavaliers autour de sa personne. Ces cavaliers seuls portaient des lances; le reste des troupes étaient de l'infanterie, qui n'avaient ni arc, ni lance, mais seulement une petite hache d'armes, un bouclier et un glaive. Le fer de cette hache était fort et avait deux tranchans; le manche était de bois et très court. Ils changeaient quelquefois leur manière de combattre d'après les ordonnances de leurs généraux; pour attaquer l'ennemi, ils lui jettaient leurs lances et se précipitaient ensuite sur lui avec une telle impétuosité qu'arrivés en même temps que leurs lances jettées, ils mettaient en pièce avec leurs haches, le bouclier que leur adversaire leur opposait: ils le perçaient avec leur glaive ou lui fendaient le crâne avec leur hache. D'apres Agathias de Myrine, qui vivait au quatrieme siècle, les armes des Francs étaient très grossières: ils n'avaient ni cuirasse, ni bottes: seulement un petit nombre portait des casques: leurs lances étaient de moyenne longueur toutes garnies de fer, excepté l'endroit où on les tenait: au dessus, près de la pointe, se trouvaient deux fers courbés semblables à des crochets, dont ils se servaient pour blesser l'ennemi, ou, pour en saisissant son bouclier, mettre son corps à découvert, et le percer avec l'épée.

Agathias et Apollinarius s'accordent à dire, que les Francs qui n'étaient pas d'extraction royale, tondaient leurs cheveux à l'entour de la tête, et n'en conservaient qu'une mèche un peu élevée qui retombait sur le front. Les mêmes auteurs disent aussi: qu'ils rasaient toute leur barbe, à l'exception de leurs moustaches qu'ils laissaient croître très longues. Il n'y avait que les chefs de l'état et les princes qui conservassent leur longue chevelure. Quand ils commandaient en personne ils portaient des casques et même des cuirasses. Un auteur contemporain dit, en parlant du combat de Dagobert contre les Saxons, que son Casque ayant été percé d'un coup d'épée, une partie de ses cheveux furent coupés. Clovis II., poursuit le même auteur, vint à son secours avec une nouvelle armée et paraissant à la rive du Weser, il se fit connaître de loin aux Saxons en ôtant son casque et en laissant voir sa longue chevelure.

## Epoque des Carlovingiens.

Sous les Carlovingiens le costume ne subit en général que peu de changemens. Cependant les souverains eux même ne portaient ni la barbe ni les cheveux longs; mais ils coupaient ceux ci, et ne conservaient qu'une moustache, peut être parce qu'originairement, ils n'étaient pas d'extraction royale. Les monumens des arts décrits ci dessous, provenant du temps des Carlovingiens offrent les documens sur ce dont nous venons de parler. La mosaïque de Rome sur la quelle Charlemagne est représenté, les miniatures dans la vulgate de St. Caliste à Rome, et celles dans les évangiles de l'Empereur Lothaire à Paris, et dans deux vulgates que Charles le chauve fit faire, dans les années 850 et 870, qui se trouvent maintenant à Paris et à Munich.

D'après Eginhard, Charlemagne portait en hiver une veste de peau de loutre sur une tunique de toile, ayant un simple bord brodé en soie. Il couvrait ses épaules d'un surtout de couleur bleue (sagum). Des rubans de différentes couleurs croisés autour du pied lui servaient de bas et de bottines. Pour sortir, il s'enveloppait d'un long manteau qui devant et derrière lui descendait jusqu'aux pieds; mais qui sur les cotés, n'allait qu'à ses genoux.

L'habit ordinaire des hommes consistait, en une tunique descendant jusqu'aux genoux, garnie de deux longs rubans et ceinte autour des hanches; de longs haut de chausses noués sous le genou à des demi bottes. Quelquefois ils portaient aussi des sandales et une espèce de bas qu'ils entouraient de lacets en forme de croix. Un manteau de moyenne grandeur était fixé sur l'épaule droite par une agraffe ou un noeud.

Le costume des femmes d'un haut rang, consistait en une longue robe d'étoffe riche descendant jusqu'aux pieds, le

plus souvent garnie aux ourlets et devant, d'un bord broché
d'or. La robe était rattachée autour des hanches. Les
manches qui descendaient jusqu'à la jointure de la main, se
fermaient par de petits plis; un long voile richement broché
couvrait la tête et tombait des deux côtés, ou tiré de la
droite, il s'entortillait autour du bras gauche. Les souliers
étaient d'étoffe précieuse ou de brocard d'or. Plusieurs
anneaux d'or joints ensemble et terminés par un ornement
servaient quelque fois de pendans d'oreilles. L'habillement
des femmes d'un rang inférieur ne différait de celui là, que
par moins de richesse.

L'armement paraît avoir subi quelques changemens sous
les Carlovingiens; le moine de St. Galle rapporte: que Charlemagne à la guerre, outre le casque et la cuirasse, portait
aussi des brassards, des cuissards et des bottes de fer. Ces
brassards et ces Cuissards consistaient probablement, soit en
écailles ou en anneaux de fer accrochés les uns aux autres,
comme nous les voyons chez les Ottons, et semblables aux
chaines et aux cottes demaille généralement portées plus tard.

Dans un article des capitulaires de Charlemagne, on
lit le paragraphe suivant: Le comte a soin que les guerriers qu'il mène à l'armée ne manquent point d'armes, mais
qu'ils soient pourvus d'un javelot, d'un bouclier, d'un arc,
de deux cordes et de douze flèches, ainsi que de cuirasse
et de casque. D'après les miniatures contemporaines, le
bouclier était rond, le glaive court à deux tranchans, la
cuirasse écailleuse à bandes pendantes comme chez les
romains; le casque rond avec un tranchant, des visières devant et derrière et des abatjoues. Les haches d'armes et
les massues étaient en usage. P. Daniel décrit les massues de Roland et d'Olivier, conservées dans l'abbaye de
Roncevau, comme étant des bâtons de l'épaisseur du bras

et de deux pieds et demi de long, ayant à la poignée un fort anneau entrelacé d'une courroie et à l'autre extrémité trois chaînes aux quelles étaient fixées des boules du poids de huit livres. C'est avec une telle massue, mais pourvue d'une seule boule terminée en pointe, qu' Olivier est sculpté en pierre au dôme de Véronne. Le monument quoique très vieux n'est cependant pas contemporain. Saint Foix rapporte ce qui suit de l'enterrement de Charlemagne: Cefut à Aix la Chapelle, dans la Chapelle que lui même avait fait bâtir, qu'on déposa dans la sépulture son corps embaumé. Il était revêtu de ses ornemens impériaux, par-dessus les quels était une draperie tissue en crins. On le mit ainsi sur son trône d'or, ceint de son glaive et sa tête ornée d'une chaîne d'or comme d'un diadème. D'une main, il tenait une boule d'or, l'autre reposait sur l'évangile qui était sur ses genoux. On suspendit à la muraille devant lui son bouclier et son sceptre d'or. Après avoir rempli le tombeau de choses précieuses, et de parfums, on le ferma et l'on y mit les sceaux.

### Epoque des Empereurs saxons.

Dans les temps belliqueux des dixième et onzième siècles le costume resta à peu près semblable à celui du siècle précédent, quoique sous Othon II. la magnificence s'accrut extrêmement par l'influence que donnaient les relations entretenues avec la ville de Bysance alors très civilisée. Depuis ce temps le manteau royal, avec ces formes courtes et étroites et ces garnitures si chargées de pierreries et de perles, parait avoir été de mode, comme il l'avait été à Bysance au neuvième siècle. La tunique comme antérieurement allait au dessous du genou et avait des manches longues et étroites. Au lieu des bas lacés en forme de croix, les grands portaient une étoffe rouge à carreaux et des souliers de couleur, d'un beau tissu. La couronne royale des Othons était un espèce de bonnet en pointe courbée qui derrière couvrait la nuque et était entourré d'un cercle d'or avec un ornement semblable à un lys, ornement qui fut plus tard généralement adopté. Dans le onzième siècle paraissent aussi souvent des couronnes composées d'un bonnet rond avec un ruban d'or en croix, au milieu du quel se trouve une boule d'or, surmontée d'une croix. Le cercle sans ornement en relief, n'est que garni de pierreries. Le sceptre, d'or, est très court et se termine ordinairement en en forme de lys. Chez les rois de France on en trouve quelque fois qui se terminent par ce qu'on apelle la main de justice, qui cependant ne devinrent le sceptre ordinaire des rois de France que sous Louis X. Jusqu'au douzième siècle on porta les cheveux courts ainsi que la barbe. Les gens du peuple ne portaient en général que des moustaches retroussées. Le cachet de Hugues capet (996) et le portrait de l'empereur Henry II. (1024) peuvent servir de preuve pour ce que nous venons d'avancer.

L'armure subit dans ce siècle quelques changemens: les cottes de mailles ou d'écailles devinrent générales. Elles allaient jusqu'aux genoux couvraient les bras et la main ainsi que la tête, de sorte qu'on ne voyait le visage que depuis les yeux jusqu'à la bouche. Les jambes étaient couvertes de la même manière. La coiffure au dessus du chaperon de maille, consistait en un casque de forme cònique ou courbé en pointe et avec une prolongation, qui pendait pour préserver le nez.

Plus tard vers le douzième siècle, elle ressemblait un peu à un pot qui entourait toute la tête et n'avait que deux trous pour voir. Le glaive, de longueur considérable pourvu à la poignée d'un bouton rond ou quarré et d'une forte branche de garde, pendait à une ceinture attachée sur les hanches. Le bouclier, au lieu de l'ancienne forme ronde devint alors très long, terminé en pointe par le bas, ou ressemblant à un triangle ou quarré allongé, et tellement courbé qu'il enveloppait la moitié du corps. Comme ces boucliers étaient très lourds et très souvent placés sur le dos pour se préserver des pierres lancées aux assauts des forteresses; on les assujétissait à une forte courroie, qui depuis les épaules croisait sur la poitrine. On attachait très souvent aux lances de petits bandelettes marqués d'une croix. Ces lances ornées de petits drapeaux étaient déja en usage chez les Othons bien avant les croisades. Les éperons consistaient très souvent en de simples piques pointues, quoique sous les Othons les molettes aient déja paru.

## Epoque des Hohenstaufen.

Le douzième siècle fut pour l'Europe chrétienne une période de transition, le treizième fait voir un essor extrordinaire. à l'égard du Costume survinrent les changemens suivans. Le grand Talar (robe longue trainante) redevint l'habit des princes et des grands. On l'assujetissait devant sur la poitrine, au moyen d'un ruban ou d'une agrafe. La garniture de pierres fines existante au commencement, disparut à la fin. Les haut-de-chausses devinrent longs et étroits les souliers montèrent jusqu'à la cheville et ne furent plus d'étoffe aussi riche. On porta la barbe courte et plus tard entièrement rasée; \*) les cheveux au contraire longs et flottans, c'est à dire qu'ils tombaient jusque sur la nuque, bouclés derrière: par devant dabord partagés, et plus tard coupés courts sur le front. Les couronnes et les sceptres avaient généralement des ornemens en forme de lys ou de feuilles. Au reste à la fin de cette période et au commencement de l'autre les hommes comme les femmes portaient sur la tête d'élégans cercles d'or: le luxe dans les vêtemens alla toujours croissant chez les nobles; leurs cottes d'armes d'étoffe d'or et d'argent garnies de précieuses pelisses ou d'autres embelissemens, descendant jusqu'aux genoux sur les armures, ne consistaient auparavant qu'en une veste de toile étroite et collante fermée par devant, à la quelle pour ornement, on donnait souvent la couleur des armoiries. C'est ce que montre la description qu'Albert chanoine d'Aix la Chapelle, donne des cérémonies qu'observèrent Godefroi de Bouillon et ses barons, lorsqu'ils parurent devant l'empereur Alexis Comnène il dit expressément: qu'ils firent paraitre une grande magnificence; qu'ils étaient vêtus de brocard d'or garni d'Hermine, de martre et d'autres fourrures précieuses, selon l'usage des princes français. Philippe Auguste de France l'an **1190** dans une ordonnance concernant les milices, se

---

\*) Abon évêque de Seze rapporte ce qui suit, à l'occasion du parti que prirent les laïques de se faire couper la barbe à l'instar des ecclésiastiques. Après qu'il eût prêché à Pâques en l'an 1150 devant Henri premier roi d'Angleterre, celui ci se fit couper la barbe par Ybon devant sa cour entière: cet exemple fut suivi par tous les assistans, à tous les quels il coupa sur le champ la barbe avec les ciseaux qu'il avait eu soin d'apporter. Bientôt après Pierre Lombard évêque de Paris vint trouver Louis le jeune surnommé le pieux et lui reprocha le crime d'avoir brûlé 5000 hommes dans l'église de Vitry où ils s'étaient réfugiés. Il exigea de ce prince, repentant, en expiation de son crime qu'il lui coupât lui même la barbe. Depuis ce tems le peuple en France, par imitation, ne porta plus de barbe jusqu'à François I\_er où reparut l'usage de la laisser croître.

vit aussi obligé de leur défendre de porter aucune étoffe d'or ou d'argent, de même que de l'écarlate, de l'hermine ou d'autres fourrures précieuses. Ces ordres, ajoute Joinville, furent suivis par Louis IX (surnommé Saint Louis) dans son voyage sur mer, car il ne portait alors, ni fourrures précieuses ni pourpre ni éperons d'or et n'avait pas emporté un seul vêtement brodé. L'armure n'était plus complette. Les chevaliers portaient un *haubert* avec un *chaperon* qui tombait sur les épaules. Ils mettaient sur ce dernier un casque qu'on nommait *héaume*, les *manches et chausses de mailles* ainsi que le tablier nommé *gambson*. Les écuyers ne portaient point de casque, mais seulement un armet (*bacinet*) sans visière et sans *gorgerin*. Le bouclier devint peu à peu plus petit et plus plat; mais conserva sa forme triangulaire. Vers le milieu du douzième siècle, les embellissemens des boucliers deviennent la marque distinctive des chevaliers; ce fut l'origine des armoiries. Les glaives sont longs, ont un bouton plat à la garde de la poignée et une branche de garde droite ou courbée, en dedans.

Le costume des femmes au commencement de cette époque est une robe de dessous à manches étroites et collantes, une robe de dessus à manches longues et très amples au bas, un voile et un large manteau qui ne descend pas jusqu'à terre. Vers la fin du douzième siècle la robe de dessus est sans manches et tombe, sans ceinture, jusqu'aux pieds: le manteau très long, est fixé sur la poitrine par un cordon: les cheveux frisés tombent derrière sur les épaules et sont ornés comme on l'a déjà dit très souvent d'une élégante guirlande en or, surtout dans le treizième siècle. Les femmes mariées portaient quelquefois une espèce de coiffe, couverte d'un voile court.

## Epoque du Quatorzième Siècle.

L'usage de raser toute la barbe vient aussi en Allemagne. Le petit nombre des premiers qui le firent étaient regardés comme des efféminés ou d'extravagans faquins. Les cheveux longs tombaient sur les épaules. Il faut qu'il y ait eu des variations sous ce rapport dans les différentes parties de l'Allemagne, car la chronique de Limbourg remarque expressément qu'on ne portait plus ni boucles ni tresses, mais les chevaliers et leurs valets avaient les cheveux courts, roulés et coupés sur les oreilles, et que, lorsque les gens du commun l'eurent vu, ils le firent aussi. L'habillement des hommes est une longue robe tombant jusqu'aux pieds à manches étroites, boutonnées depuis le coude, descendant le plus souvent jusqu'au milieu de la main, une ceinture, un manteau attaché sur la poitrine avec un cordon et un chaperon sur la tête. Le petit peuple portait des robes courtes, souvent un capuchon, des haut de chausses étroits et des souliers montants. A la moitié de ce siècle paraissent plusieurs nouvelles modes. Une ancienne relation dit ce qui suit: lorsque la mortalité (une grande peste) eut cessé d'étendre ses ravages et que les flagellations, les pénitences et le massacre des juifs eurent pris fin, le monde recommença à vivre et à se réjouir: on fit de nouveaux vêtemens: les robes étaient au bas sans pans, coupées autour des reins et tellement étroites, qu'un homme qui en était revêtu ne pouvait point faire de grands pas. Ces robes étaient presque d'une palme au dessus du genou: ensuite ils les raccourcirent encore et les firent d'une palme au dessous de la ceinture, et portèrent des manteaux: ceux ci étaient ronds tout autour et d'un seul morceau: on les nommait cloches. D'autres relations du temps de 1380 disent ce qui suit: les hommes portaient des manches à leurs pourpoints et à leurs capelines: celles-ci avaient des rubans qui tombaient presque jusqu'à terre et celui qui les portait le plus long, était le vrai seigneur.

Les chroniques de Leoben remontant au quatorzième siècle donnent des éclaircissemens semblables sur les extravagances introduites dans l'habillement: on avait souvent le bras gauche d'une autre couleur que le bras droit, souvent des manches plus amples que l'habit même: plusieurs faquins avaient sur la poitrine des pièces d'une autre étoffe avec des lettres en argent ou en soie: d'autres, des images sur le côté gauche de la poitrine. La principale parure était des sonnettes: on en portait à l'ourlet inférieur de l'habit, aux souliers, aux collets, à la ceinture.

La France était alors le berceau de la plupart des modes: c'est de là que vinrent surtout les longs souliers à bec nommés *à la poulaine*, qui furent interdits sous Charles V, sous peine d'une amande de 10 florins: on portait beaucoup de plumes sur la barette, des chaînes d'or autour du cou, une autre couleur pour chaque partie de l'habit (mipartie). Les descriptions suivantes nous viennent de l'entrée que l'empereur Charles IV fit à Paris en 1378 lorsqu'il y vint pour voir le roi de France:

Les échevins et les bourgeois les plus considérés portaient des habits moitié blancs, moitié violets. Tous les officiaus royaux étaient également vêtus d'habits de deux couleurs; les grands maîtres de la cour en bleu et fauve, les huissiers en canevas bleu et rouge: les échansons et les officiers tranchans en blanc et fauve: les valets de chambre en gris argenté et noir. Le roi portait sous son manteau un long habit d'écarlate.

Les différentes espèces d'armes devinrent toujours plus riches. Le casque reçut une garniture composée des armoiries et d'un Lambrequin; la cotte de mailles devint plus forte au moyen de bandes de fer au bras, aux jambes, aux genoux et aux pieds et on mit aux gants des garnitures de fer. L'habit de guerre en peau, orné des armoiries, est étroit, et si court qu'on voit la cotte de mailles au dessous; les manches son aussi très courtes; le bord de l'habit est totalement découpé en forme de feuilles: sur les hanches est une large et riche ceinture, à laquelle sont attachés à gauche, un glaive, à droite un poignard, tous les deux encore assujettis par de longues chaines qui y pendent et qui se fixent sur la poitrine. La lance le plus souvent avec de longs drapeaux, a un bourrelet à la poignée, pour effectuer une résistance plus sûre dans le combat. Les boucliers très petits, triangulaires pour les chevaliers, sont ornés des armoiries; ils sont ronds pour l'infanterie.

Les femmes, en France et en Angleterre, portent leurs cheveux tressés des deux côtés des joues, souvent assujettis par un filet. Outre cela un cercle d'or ou un riche bandeau orne la tête et vient aboutir sur le front. De longues coiffes pendantes s'apellent globes ou boules, en latin *cucullus*. Sur la robe de dessous, à manches étroites et à riches ceintures, elles portent encore une longue robe ouverte des deux côtés et sans manches, sur laquelle pend ordinairement en travers de la poitrine un riche cordon, garni de pierreries. Leur manteau est semblable à celui des hommes. — En Allemagne et en Italie le costume des femmes est plus simple; cependant on se plaignit dans quelques villes de l'empire que les femmes portaient sur leur tête des boules de Bohème qui s'élevaient comme les diadêmes avec lesquels on représente les saints. Une ordonnance somptuaire de Francfort de 1350 décide que les pendants des manches des femmes ne doivent pas avoir plus d'une aune de long.

Ces modes outrées paraissent avoir été introduites dans l'Allemagne du Sud par les épouses françaises des ducs Rudolphe et Albert d'Autriche. Dans d'autres parties de l'Allemagne l'influence des modes françaises se fit encore plutôt sentir. Elisabeth, fiancée de Jean, fils de l'empereur Henri VIII, portait à son mariage en 1310 à Spire, une longue robe traînante française *(longissimum Gallicum indumentum)*.

## Epoque du Quinzième Siècle.

Dans ce siècle nous voyons plus que jamais les changemens réitérés dans le costume, qui se forme différemment d'après les nations et comme les modes de la cour de France l'ont toujours emporté, ce sont celles que nous devons surtout considérer.

Les hommes d'un rang élévé, continuèrent à porter leur barbe et à laisser leurs cheveux tombants sur la nuque. Les français élégants, qui au milieu du siècle ammenèrent surtout les modes les plus extravagantes laissèrent croître leurs cheveux par devant jusqu'a ce qu'ils pussent tomber sur leurs sourcils. L'habillement des hommes porté à la maison et en ville, au commencement de cette période, consistait en une camisole étroite qui venait jusqu'aux cuisses. Ils la recouvraient d'un surtout ayant un collet et une garniture de pelisse. Ce surtout était fendu sur les côtés et descendait jusqu'aux genoux, ou quelquefois plus long, allait jusqu'à la cheville. Au devant de la ceinture pendait un poignard ou couteau, dans une gaine. La coiffure consistait généralement en un bonnet plat rabattu par devant et par derrière et garni de fourrure. Les haut-de-chausses, en d'étroites culottes, qui couvraient en même temps les jambes et les pieds, et des demi bottes ou des souliers montants à longs bouts; mais ces derniers disparurent peu à peu à la fin de cette époque. La taille du surtout subit plus tard quelques changemens, en ce qu'il consistait en un long morceau de drap qui pendant devant et derrière, avait au milieu pour la tête, une ouverture formée en plis réguliers et garnie de pelisse aux coutures. Il était attaché autour des hanches par une ceinture, où pendait très souvent sur les épaules, un bonnet rond avec une longue pièce de drap. Les jeunes gens portaient cette espèce de surtout seulement jusqu'aux genoux et plus tard jusqu'au milieu du corps. Vers la fin du XV^me siècle ces courts habits de dessus deviennent un peu plus longs; ils ne sont fendus que jusqu'aux hanches et ont sur la poitrine une large ouverture par où reste visible la précieuse étoffe de l'habit de dessous, ou la chemise blanche. Un court manteau couvre les épaules. Sous Charles VII, l'habit de ville des français consistait en une camisole très étroite, assujettie avec de petits ferrets à des haut-de-chausses extrèmement étroits. Les élégans élargissaient leurs épaules d'une manière artificielle, nommée *mahoîtres* des quelles tombaient de larges fausses manches d'étoffe précieuse: leurs souliers avaient de longues pointes de fer ou des becs. Il fut déjà question en haut de leurs cheveux. La coiffure consistait en un haut chapeau pointu. Charles VII portait une barette retroussée des deux côtés et fut le premier qui se coiffa d'un chapeau rond: tous deux étaient parés de plumes. Du temps de Louis XII l'habit de ville et de cour des hommes était composé de pantalons très étroits de soie cramoisie ou couleur de feu. Un habit de dessous large et plissé allait jusqu'aux cuisses: les manches étaient étroites et atteignaient le poignet. Ceux qui avaient le droit de por-

ter des armes pendaient leur épée au dessus du haut-de-
chausses, à une ceinture plus ou moins riche. Le vêtement
supérieur était un habit long, ample et ouvert devant, avec
de larges manches ou sans manches *(houpelande);* mais avec
des ouvertures et un capuchon rond, ou un large collet de
pelisse couvrant les épaules. La chaussure était une espèce
de sandale ou des pantoufles garnies de pelisse.

Dans le costume de guerre la chemise de mailles qu'en
portait sur le vêtement de laine piqué *(jaque)* disparut toujours de plus en plus et fit place après la moitié du siècle à
une armure complette de fer battu. Ces armes obtinrent le
plus haut dégré de perfectionnement en France et en Angleterre, tandis qu'dn Allemagne, où malgré sa célébrité pour
les armes, on se servait jusque vers la fin du siècle, d'une
espèce de casque, qui était séparé des parties qui couvraient
le col et le menton, et formait une sorte de chapeau de
fer à part. Königshofen remarque expréssément dans sa
chronique d'Alsace, que depuis les guerres des Anglais et
des Français les armrues forgées avaient été aussi adoptées
en Allemagne. Partout on distingue le casque du tournois, du
casque de guerre: le premier reçut vers la fin du siècle la
visière mobile.

Le costume des femmes de ce siècle consiste en une longue robe de dessous à manches étroites venant jusque sur la
main, souvent de riche étoffe garnie de pelisse et fermée sur
la poitrine par une ceinture: ensuite en une robe de dessus sans manches, fendue depuis les épaules et avec une
longue queue. Leurs cheveux tressés sont relevés en haut
et enfermés dans un bonnet, du quel tombe un long voile.
Plus tard les femmes portent très souvent une robe de dessous à longue queue, et par dessus une robe étroite et

collante, allant jusqu' aux hanches, ouverte sur la poitrine jusqu' à la ceinture.

Sous Charles VII les dames en France cessèrent de porter de longues robes, les remplaçant par des robes très courtes à larges ourlets; elles couvrent leurs cheveux tressés d'un bonnet en forme de pain de sucre. Cette coiffure fut adoptée aussi dans les Pays-bas et est encore à présent en France le costume des *Cauchoises.* Au temps de Charles VIII († 1498) les femmes portaient leurs cheveux en tresses tombantes sur la nuque et les couvraient de bonnets de différentes formes ou d'une toque en forme de cœur de laquelle un voile tombait sur les épaules.

En Italie et en Allemagne le costume des femmes resta beaucoup plus simple jusqu' à la fin du XV⁰ siècle. Il fut particulièrement dans le premier pays d'un attrait particulier par l'arrangement harmonieux des belles couleurs. Les robes étaient aussi collantes au corps et larges au bas, mais ne descendant que jusqu' à la cheville du pied. Les manches étaient simplement fendues depuis le coude jusqu'au poignet et relevée d'un seul côté, de sorte qu'on put voir la manche blanche de la chemise. Leurs cheveux, partagés, tombaient simplement autour des joues et se relevaient derrière. Un cordon ou ruban entourait la tête et était sur le front orné d'une pierre fine. Cette coiffure est encore en usage de nos jours.

## Epoque du Seizième Siècle.

Les Campagnes des Français en Italie, leurs guerres avec les allemands l'aspect de leur cour et leur langage qui commençait à devenir général dans la haute société, tout cela.

avait au commencement de cette époque, propagé leurs usages et leurs modes, et avait introduit surtout dans les vêtemens, une certaine licence. Cependant ceux ci devinrent encore plus outrés par les nouvelles modes espagnoles avec les culottes bouffantes et les manches avec quantité de fentes et de rubans, comme aussi par la coupe voluptueuse des habillemens des femmes. A côté de ces extravagances dans le costume, on voit cependant encore une multitude de beaux vêtemens qu'il serait trop long de décrire ici, d'autant plus que ce tems se rapproche du nôtre, et que la connaissance du costume d'alors est généralement répandue par quantité de monumens. D'après cela nous nous bornerons donc à ce qui suit:

Il est connu qu'au temps de François premier, roi de France, l'usage adopté jusqu'alors d'une chevelure longue et d'une barbe courte disparut tout à fait. La blessure que François premier reçut au front, en jouant à Romorantin en 1521. en fut cause. On fut obligé de lui couper les cheveux: ensuite trouvant plus agréable pour lui, l'usage des Suisses et des Italiens, qui coupaient leurs cheveux et laissaient croître leur barbe, il l'adopta. Depuis ce temps on porta généralement les cheveux coupés courts à la nuque, et la barbe longue.

L'habillement des hommes se composa bientôt après d'un Talar (manteau de cérémonie), qui descend plus bas que le genou. à manches assez larges, et par dessus, d'un manteau de drap un peu plus long, à larges ourlets avec garniture: de haut-de-chausses qui en même temps couvrent les pieds. et de souliers qui sont par devant très larges et attachés autour du pied. La coiffure, d'une barette souvent avec une ou plusieurs plumes. Les jeunes gens portaient un manteau qui va jusqu'aux genoux et qui plus tard devint encore beaucoup plus court chez les grands et auquel on ajouta une riche garniture en velours ou en pelisse. Vers ce temps paraissent aussi les culottes qui, très amples jusqu'aux genoux, ont une garniture de bandes d'une autre couleur (*trousse*). Les manches sont parées de la même manière. Les bourgeois distingués portent de longs manteaux, ordinairement de velours noir, garni en bas de pelisse, en haut d'un collet tombant jusque sur les épaules. Un collet de chemise en fraise appartient encore à ce costume, tandis que jusque' alors on portait toujours le col nu. Dans cette classe de la société, la barbe est ordinairement coupée courte.

L'armure est arrivée à son perfectionnement et se compose des pièces suivantes:

1. Le *casque* avec visière et plumes. (Le lambrequin, usité plutôt est aboli, et n'est plus d'usage que dans la représentation des armoiries.)

2. Le *hausvecol.*

3. La *cuirasse* devant et derrière, dont la pièce qui couvre la poitrine reçoit dans ce siècle, un tranchant au milieu pour garantir du coup: ce tranchant en langage technique est nommé *tubul.*

4. Les *épaulières*, pièces qui couvrent les épaules.

5. Les *brassarts*, pièces qui couvrent les bras.

6. Les *gantelets*, pièces qui couvrent les mains.

7. Les *tasselts*, pièces qui couvrent les hanches et tombent jusqu'autour des cuisses.

8. Les *cuissards*, pièces qui couvrent les cuisses, devant de fer, derrière de peau.

9. Les *genouillières*, pièces pour préserver les genoux.

10. Les *grèves* le long de l'os de la jambe, jusqu'au bout du pied, et du jarret jusqu'au talon.

11. Les *éperons.*

**12. La cotte d'armes** qui descend jusqu'au genou, et plissée à petits plis.

**13. Le** *glaive* de longueur considérable.

**14. La** *lance,* qui devient plus forte à la poignée et y a une entaille.

L'habillement des femmes varie à l'infini, d'après leur rang. Les modes changent aussi promptement. D'abord elles portent une robe de dessus collante, d'étoffe précieuse, descendant jusqu'aux pieds, par dessus un corsage étroit et collant à manches étroites, mais bouffantes aux épaules et une jupe très ample et traînante qu'on relève devant avec la main. Le cou est souvent découvert et orné de perles et de pierreries: quelque fois il est entouré d'une fraise et alors la robe monte jusqu'au cou. On voit des coiffures de toute espèce; souvent un bonnet d'étoffe précieuse collant à la tête, piqué en forme de filet et orné de perles. Quelquefois aussi des dames nobles portent, surtout pour monter à cheval, de petits chapeaux ronds à bords étroits, quelques plumes frisées et un voile tombant. Les jeunes demoiselles, du moins en Allemagne dans les jours de fêtes, laissent leurs cheveux longs et tombant librement: à l'ordinaire, elles les portent en tresses et se couvrent la tête d'un léger bonnet. Les femmes mariées portent leurs cheveux entourés d'un riche filet, de manière à ne laisser voir que quelques boucles et elles se couvrent la tête d'un bonnet ou d'un chapeau. Les chapeaux des femmes au milieu du siècle sont très plats, larges et garnis de plumes autour; les manches excessivement larges.

Vers la fin du siècle, les hommes portent de nouveau la barbe plus courte et les cheveux longs, enfin une moustache retroussée. Les fraises autour du cou, deviennent générales et plus grandes. Les femmes prennent à la fin le collet à la Marie Stuart; les hommes de grands collets plats ou découpés tombants sur les épaules. Les manches de la camisole sont fendues de manière à laisser voir la doublure d'une autre couleur. La *trousse* des culottes, garnie de rubans et de petits ferrets, est plus large et tombe unie jusque sur le genou. L'usage des manchettes est général. Les manteaux sont de velours, courts et doublés en soie. Les bas sont aussi de soie. Les souliers ont des noeuds de rubans. Des écharpes, qu'on portait déjà plutôt et dont l'usage, comme il parait à ce que dit Joinville, remonte jusqu'au XIII<sup>me</sup> siècle, deviennent alors générales. On les porte sur les épaules (*en baudrier*), ou autour du corps (*en ceinture*). Au lieu de chapeau, les grands préféraient ordinairement une barette de velours richement ornée, parée de plumes et placée de travers, de manière à ce que la boucle de l'autre oreille soit visible; mode que Henri III roi de France introduisit. La passion dominante de ce siècle était en général les parures d'or, de perles et de piereries.

---

Si l'on a porté un regard sur ce qui précède concernant la variation continuelle dans les costumes séculiers, il reste à ajouter quelques détails sur l'habillement des ecclesiastiques, pour l'éclaircissement des quels, il faut remonter aux premières époques du moyen âge. On fera une différence entre les ornemens portés dans les fonctions du service divin, et les vêtemens de la vie ordinaire.

On peut à peine douter que les premiers prêtres chrétiens ne portassent pendant le service divin, un vêtement qui leur était propre. Ce vêtement était au commencement très simple, comme on peut le voir par exemple sur les portraits de tous les papes, dans l'ancienne église, maintenant brûlée de St. Paul à Rome.

Les anciens papes depuis l'apôtre Pierre ne sont vêtus que d'une tunique et d'un manteau et portent les cheveux et la barbe assez longs. Ils ne sont caractérisés comme ecclésiastiques que par l'étole qui pend sur leur poitrine. Il parait cependant bien plutôt, des traces d'un habillement sacerdotal, différent de l'ordinaire. Dans le célèbre concile de Constantinople, un long habit de dessous, un bandeau de laine blanche brodé de croix noires, la mître et l'étole que lui et ses prédécesseurs mettaient dans l'exercice de leurs fonctions sacerdotales, positivement comme les mêmes pièces que l'apôtre St. Jacques avait aussi portées pour le même but, désignaient le patriarche Juvenal de Jérusalem. Le pape Etienne premier († 260) ordonne, que les prêtres et les lévites ne soient revêtus des habits sacerdotaux que dans l'église. On peut extraire de la constitution apostolique et d'Eusèbe de semblables témoignages: que les anciens prêtres avaient un costume particulier pour leurs fonctions. Les plus anciens missels et nommément la messe d'ambroise et l'Illyrique contiennent des rubriques spéciales à cet égard.

Cependant le costume des prêtres ne se perfectionna que peu-à-peu dans les premiers siècles. Les habits sacerdotaux actuels remontent pour leurs particularités essentielles, jusqu'au huit et neuvième siècle. De là, dans les assemblées générales de l'église et les synodes provinciaux, de plus exactes décisions sur les ornemens, dans les quels les prêtres des différens ordres de la hiérarchie de l'église devaient administrer les sacremens, ou paraître dans les processions solennelles. Différens rapports de plus haute conséquence, se joignent à la forme et à la couleur de ces vêtemens et en font un point important de la discipline de l'église. dont l'arbitraire devait être totalement exclus. De là vient que le costume du clergé avait peu changé dans le cours du siècle dernier et se composait toujours des parties essentielles suivantes:

L'amict *(amictus ou humerale)* de toile blanche couvrait le col et les épaules du prêtre. Sur celui ci, il porte l'aube *(alba)* vêtement de toile blanche avec beaucoup de plis et des manches, qui du cou, descend jusqu'aux pieds et est retenu par la ceinture *(cingulum)* qui est tissue de poil de chameau, de soie et de lin. Sur cet habit de dessous, le prêtre met pour les saintes fonctions: les ornemens qui leur sont propres. Ils consistent dans la chasuble *(casula)* espèce de manteau semblable à la robe pretexte *(toga praetexta)* des grands prêtres romains, premièrement très longue et très large, ensuite raccourcie depuis le douzième siècle, pendant devant et derrière avec de courtes pièces sur les bras. La grande croix qui occupe le dos de la chasuble, est en rapport par sa couleur avec les temps de l'office divin. Elle est blanche dans les jours solennels du Christ, dans les jours de Marie et aux fêtes des SS⁹ confesseurs et des vierges; rouge à la Pentecôte et aux jours des apôtres et des Martyrs; verte au temps de la Pentecôte jusqu'à l'avent et aux jours de prière; bleue à l'avent et aux jours de jeûne, noire aux messes de morts. On ne doit point oublier que dans le symbole des couleurs du moyen âge le blanc signifiait l'innocence et la joie, le rouge l'amour et le sacrifice, le vert l'espérance, le bleu l'humilité et la pénitence, et le noir le deuil.

Sur la chasuble, le prêtre officiant porte l'étole *(stola)* marquée devant et derrière avec de petites croix aux bouts. L'évêque laisse tomber l'étole tout droit; le prêtre la porte croisée sur la poitrine; le diacre seulement sur une épaule;

le pape ne quitte jamais l'étole, pas même hors des fonctions du service divin.

Le prêtre porte au bras le manipule *(manipulum)* bande de toile destinée dans l'origine à recevoir le suaire. Outre ces objets qui composent toujours l'habillement du prêtre officiant, paraissent encore quelques autres habits dans des circonstances particulières. Le prêtre assistant, porte au lieu de chasuble, la *Dalmatique*, presque de même forme, mais avec de plus grandes pièces qui couvrent les bras et et garnie derrière avec des glands. Dans les processions et dans le service divin de l'après midi le prêtre est revêtu du *Pluvial* espèce de chape ou draperie en forme de manteau qui n'est ouverte que devant. Dans le confessional et dans la chaire, au lieu de ce pluvial, il met la chape *(roccus)* vêtement de dessus de toile blanche à petits plis.

A l'exception du dernier et de l'aube, tous ces ornemens consistent dans la règle en étoffe de soie, en brocard d'or et d'argent et sont ornés des plus riches broderies de toutes couleurs, souvent aussi de perles et de pierreries. Dans la formation progressive des dégrés de la hiérarchie du clergé, ces nuances devaient être extérieurement visibles. Le vingthuitième canon du concile de Tolède assigne aux évèques l'étole, l'anneau, la crosse (bâton pastoral); aux prêtres l'étole, la chasuble; aux diacres l'étole et l'aube. Les sous diacres et les lecteurs ne devaient point porter d'étole: le vêtement blanc seul les distinguait comme serviteurs de l'église. Les différences dans le costume paraissent toujours devenir plus étendues et plus spéciales.

Le plus haut dégré de la hiérarchie appartient aux évèques, comme étant les successeurs immédiats des apôtres. De là vient une foule d'objets remarquables qui leur sont propres et appartiennent à leur vêtement. Tels sont:

les Sandales, la croix sur la poitrine *(formalium)* dont le concile de Rome en 865 fait déjà mention; l'anneau, que *l'ordo romanus,* les Sacramentaires et le quatrième concile de Tolède en 633, nous font connaitre comme un des plus anciens signes de la dignité épiscopale, et les gants blancs. L'évêque a sur la tête la mitre *(mitra, infula)* dont la forme a souvent changé. D'après le dessin de Macrus de Mélite, la mitre du Pape Gelase II († 1119) à même encore tout à fait la forme en demi lune de la coiffure des grands prêtres juifs. La couleur du fond de la mitre des évèques parait cependant toujours avoir été blanche, quelques riches qu'aient pu être les embellissemens qu'on y plaçait. Dans les solennités, l'évêque porte une crosse (Pastorale) dont l'extremité inférieure termine en pointe, et la supérieure en spirale, qui fut plus tard décorée des ornemens les plus riches et du meilleur goût. Pour établir une différence entre les crosses que portaient aussi les abbés, on en entourrait le bout supérieur, avec le suaire, espèce de bande qui descendait jusqu'au milieu du bâton. Les crosses des archevêques au contraire, au lieu d'une spirale, terminaient par une croix.

La principale marque distinctive des archevêques est le *Pallium* autrefois un véritable manteau, mais depuis les VII<sup>me</sup> et VIII<sup>me</sup> siècle une bande de laine blanche avec des croix rouges et noires, entourant le col, dont un bout tombe devant, l'autre derrière.

Le costume distinctif des Cardinaux consiste comme on le sait en un capuchon rouge *(mozetta)*, qui couvre le derrière de la tête et les épaules et une barette rouge; aussi le chapeau avec cinq raies de glands qui pendent, et la soutane *(sottana)* robe de soie, les bas, rouges pendant la plus grande partie de l'année, violets à l'avent et aux jours de jeûne et couleur de rose à deux dimanches particuliers de l'année. Cet usage général de la pourpre pour les Cardinaux peut remonter avec certitude au règne du Pape Grégoire IX († 1241).

L'habillement du Pape consiste en une soutane de soie blanche, des souliers de pourpre (*pianelle*) ornés d'une croix d'or; en une *barette* de velours, en un habit de dessus, le *rochet* (rochetta), en un *collet,* en une *ceinture* (falda) à la gauche de laquelle pendent deux autres ceintures, en l'*étole* ornée de trois croix, laquelle pend des deux côtés du cou; en un *manteau* rouge et une *mître* blanche ou infule, aussi appelée *regnum* ou *tiare*. Cette dernière est dans les premiers temps basse et simple: plus tard, probablement déjà sous Niclas II († 1061) ornée de deux cercles ou couronnes: depuis Clément V († 1314) ornée de trois couronnes; à son extrémité est une croix; des deux côtés pendent deux rubans. Dans les entrées solennelles, le pape tient dans sa main, comme ont a déjà dit une crosse droite qui se termine par une triple croix. L'habillement journalier du Pape est un surplis de soie blanche, un vêtement de dessous de toile fine et un chapeau de velours ou d'étoffe de soie ponceau.

Outre ces vêtemens pour le service divin, le haut et bas clergé porte un manteau soutane (*tunica talaris*) qui descend jusqu'au bout des pieds. De couleur noire et dans certains cas violette ou rouge.

La principale opposition aux usages des laïques consistait aux diverses époques dans la manière de porter les cheveux. Dans les temps antérieurs du moyen âge, les ecclésiastiques portaient la barbe assez longue, les cheveux au contraire coupés courts. Ceci était même un objet de la discipline de l'église. et le troisième canon du concile de Barcelone, (540) ordonne positivement qu'aucun ecclésiastique ne doit laisser croître ses cheveux, ni raser sa barbe.

Peu à peu, il survint des changement. Leon III (✝ 816) fut le premier pape qui se rasa le menton; bientôt la plupart des ecclésiastiques latins l'imitèrent, tandis que les prêtres grecs conservèrent leur barbe longue. Dans le concile de Limoges **1031** les ecclésiastiques furent déclarés libres de laisser leur barbe, ou de la couper; mais sous Grégoire VIII dans le concile romain de **1074** l'usage de porter la barbe longue, leur fut formellement interdit. Cela est resté ainsi jusqu'à la fin du XV^me siècle où le page Jule II en dévia le premier et dont Clement VII et plusieurs Papes suivirent l'exemple.

Le vêtement du clergé monacal ne doit pas être oublié ici. Il consistait en général, abstraction faite de quelques ordres, en un froc (*colobium*) attaché par un cordon ou ceinture (*cingulum*), et le capuchon (*cucullus*). Quelques ordres y ajoutent le chevrotin (*melote*), d'autres le manteau (*pallium*) et le scapulaire (*scapularium*). La couleur et la forme sont différentes. Les Basiliens, les Bénédictins, les Vallombroses, les Augustins, les Minimes, les Servites, les Passionistes sont vêtus de noir. Les Camadolites, les Olivetans, les Mathurins, les Trapistes, de blanc; les Franciscains, et les Capucins de brun; l'ordre de Saint Silvestre de bleu. Les Cisterciens et les Dominicains portent des frocs blancs et des capuchons noirs: les Trinitaires des frocs blancs et des manteaux noirs; les Hieronymites des frocs blancs et des capuchons bruns; les Carmelites des frocs bruns et des manteaux blancs; les Chartreux des frocs blancs et des manteaux noirs. L'ordre des Jésuites, des Oratoriens, des Théatins, des Barnabites, des Lazaristes, et les Chanoines réguliers portent un habillement semblable à celui des prêtres séculiers.

# Explication des Planches.

---

---

**FRONTISPICE**, composé et dessiné par *Herrmann Keim*.

Il montre le caractère de l'art de l'époque, représentée en traits généraux dans la première division. Le chevalier dans le costume du temps des croisades — est tout habillé de cottes de maille, le manteau à la mode romaine accroché sur l'épaule droite; il porte un bouclier triangulaire sur lequel se trouve l'aigle impériale allemande, dans sa plus ancienne forme. Dans l'architecture, on remarque comme caractéristique le plein cintre ou le style appelé bysantin, qui en plusieurs choses rappelle encore l'antiquité; les ornemens sont dans le goût de ce temps.

Les caractères de l'inscription: „Costume du moyen âge" qui entoure le cintre, ainsi que l'inférieure: „Première division, du temps le plus ancien, jusqu'à la fin du XIIIᵐᵉ siècle sont tirés du premier temps du moyen âge, qui a encore quelque ressemblance avec les lettres romaines.

1

**PLANCHE I.** L'empereur Henri II, surnommé le saint, assis sur le trône, tiré du missel que lui même donna au trésor de la Cathédrale de Bamberg et qui se trouve maintenant dans la bibliothèque royale de Munich — communiqué par *J. D. Passavant.*

La figure est représentée aussi exactement que le temps d'alors l'a livrée. Nous répéterons ici ce qui a déjà été dit dans l'avant propos, que nous représenterons fidèlement tous les monumens avec leurs avantages et leurs défauts comme ils existaient de leur temps, et pour donner en même temps un aspect de l'état de chaque époque des arts. Quant à ce qui ne paraîtra pas assez distinct dans les plus anciens monumens, à cause de l'imperfection de l'art, relativement aux costumes, on pourra s'en procurer un éclaircissement facile, par le rapprochement de plusieurs monumens de cette époque.

Les couleurs de la figure sont les suivantes: la couronne est d'or, l'intérieur en est garni d'un drap ou d'un velours ponceau, les deux cercles sont remplis de perles blanches, l'espace qui se trouve entre les deux a un fond jaune avec des croix noires et des points blancs. Le manteau qui pend sur l'épaule gauche et couvre le genou droit est d'un rouge sombre, tirant un peu sur le bleu, c'est la pourpre du moyen âge; le large galon qui l'entoure partout, est d'or; parmi les pierreries qui s'y trouvent, les ovales sont couleur de feu, les carrées bleues, les rondes blanc de perle. L'habit de dessous est d'un gris bleu, les galons inférieurs d'or; entre les pierres qui le couvrent, les ovales sont couleur de feu, les plus grandes rondes blanches, les plus petites rondes bleues. Les ornemens appartenants aux épaules ont un fond jaune mat avec plusieurs raies d'or; l'espace du milieu est bleu, les petits points sont

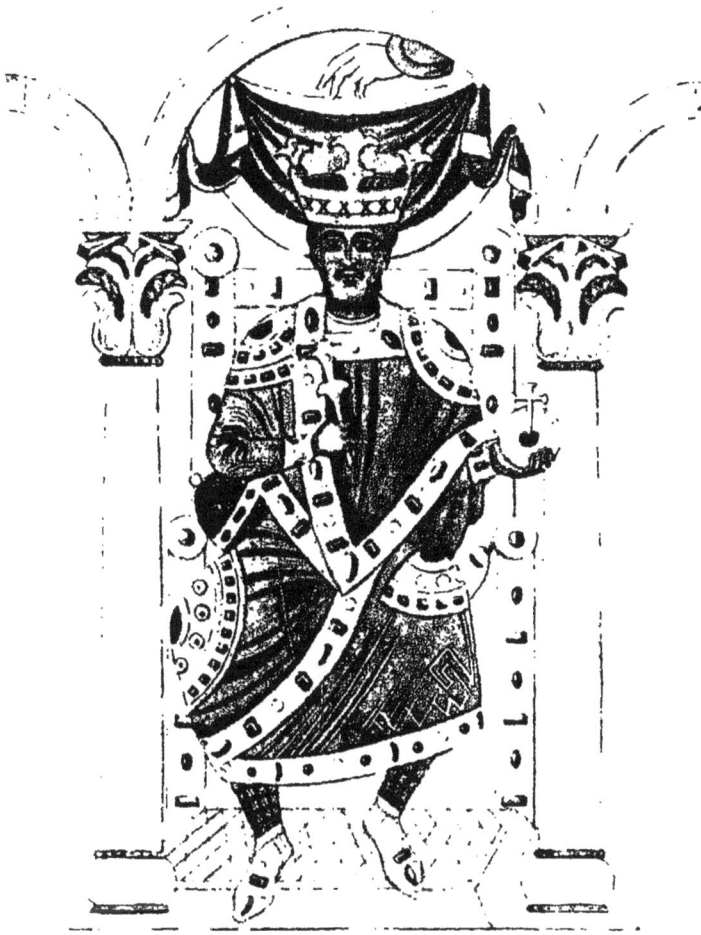

Henrich II. 1002

Hermann II. 1072.

blancs, les pierres carrées de diverses couleurs sans ordre déterminé. On remarque dans la partie qui couvre le genou, entre la bordure en or, quatre disques d'or plus grands avec des points blancs dans le milieu. Cet ornement bysantin que l'on a déjà aussi vu sur un autre monument allemand du XI⁰ siècle, parait être une imitation de la distinction des manteaux, que les membres de la famille impériale de Bysance pouvaient seuls porter: il consistait en un grand champ carré d'étoffe d'or qui venait sur la poitrine de celui qui le portait. Le sceptre est d'or, avec deux pierres blanches, le globe impérial pareillement d'or a une place bleue au milieu une croix blanche et des points blancs. Les bas sont d'un rouge sombre, les bandes qui se croisent dessus d'un rouge foncé, les points d'un rouge clair presque blanc; les souliers d'or, les pierres ovales qui s'y trouvent sont couleur de feu, les angulaires bleues les rondes blanches: les courroies d'or sont bordées de lignes brunes et ont deux points blancs. Le coussin sur lequel l'empereur est assis parait du coté droit bleu avec un galon d'or et trois pierres bleues, à l'extremité un bouton d'or; le côté gauche est d'or avec une pierre rouge de feu et des boutons. Le trône et le reste de l'architecture d'alentour sont d'or, garnis de pierres de diverses couleurs, la draperie est d'un bleu clair avec une bordure d'or.

**PLANCHE II.** L'empereur Henri II. surnommé le saint, debout, tiré du même missel que la Planche I⁰ — communiqué par *J. D. Passavant.*

La couronne, la lance *), les galons autour du manteau, les agraffes sur les épaules, la ceinture autour du

*) La lance recouverte d'un fourreau que l'empereur tient à la main appartenait aux ornemens de la dignité impériale et l'on croyait que c'était

corps, la bordure des manches, les souliers sont d'or et les dessins qui s'y trouvent, sont marqués en rouge. L'intérieur de la couronne est écarlate, le manteau lui même est bleu; l'habit de dessous est blanc; la garniture au dessous près de l'ourlet de l'habit consiste en des raies d'or entre lesquelles il y a des carrés d'or: les croix ainsi que les cercles sont d'or et ont l'habit pour fond. La poignée du glaive est d'or, la lame d'un gris bleu. Les bas sont comme sur la Planche I<sup>ère</sup>

PLANCHE III. Costumes du milieu du XIII<sup>me</sup> siècle. L'image supérieure, peinture sur parchemin, représentant un chevalier devant un prince sur le trône, dessiné par *F. Hoffstadt*, qui en est le possesseur.

On peut déterminer l'époque ci-dessus aussi bien par toute la manière de la peinture, que par le costume lui-même.

celle avec laquelle le côté du Sauveur avait été percé; c'est pourquoi elle fut nommée la sainte. On en raconte ce qui suit: le roi Henri I l'a extorquée l'an 935 au roi de Bourgogne Rodolphe II qui l'avait reçue d'un certain comte Samson. Comme c'est de St Maurice que l'empereur Constantin le grand doit l'avoir reçue, elle se nommait aussi *lancea S<sup>ti</sup> Mauritii.* Au milieu d'un creux de la lame de la lance se trouve un clou enchassé très vraisemblablement par l'empereur Otto I (936 jusqu'à 973): D'après la bulle du pape Martin V ce clou est un de ceux avec lesquels les mains du Sauveur furent attachées à la croix: dans la plaque d'or qui l'entoure on lit ces paroles: *lancea et clavis domini.* Elle vint avec les autres ornemens de la dignité impériale par l'empereur Rodolphe II (✝ 1612) du château de Carlstein à Nurenberg et de là pendant l'invasion des Français, jusqu'à Vienne. — On doit distinguer cette sainte lance de celle plus connue qui a été trouvée au siège d'Antioche dans la première croisade, ainsi que d'autres qu'on conserve encore à Rome, dans l'église de St Pierre, à Paris dans la Ste Chapelle, à Xantoigne, à Selva près de Bordeaux, à Mamelsburi en Angleterre et desquelles chacun soutient, que c'est avec celle là même, que le côté du Sauveur fut percé. On montre aussi à Anderhs en Bavière un morceau de la sainte lance. Mais toutes celles ci proviennent d'un temps posterieur à celle qui se trouve parmi les ornemens impériaux.

*Tournelen um 1250*

La coiffure du prince est rouge cinabre, immédiatement sur la tête, elle a une ligne blanche, plus haut au-dessus d'un coin à l'autre une seconde, entre les deux un galon noir avec des points blancs, sur cette bordure se trouvent deux lignes courbes perpendiculaires blanches, accompagnées de lignes noires. L'habit est brun clair, le manteau qui est posé sur les genoux et qui laisse appercevoir le bas de l'habit, est couleur de cinabre; l'habit et le manteau sont partout brodés de raies blanches, les bottes sont noires. Le trône est rouge minium *), la cimaise bleue l'astragale blanc. — Le chevalier debout vis-à-vis de lui a une cotte de mailles bleu d'acier qui lui couvre aussi les bras et les mains et est pourvue d'un capuchon pour se couvrir. Le pied et la jambe jusque vers le genou sont de même; au-dessus du genou jusqu'à la cotte de maille, la jambe est rouge cinabre avec une bordure blanche et des zigzags noirs; un cercle orné de même se trouve aussi sur le genou. La ceinture du glaive avec le noeud autour de la taille sont blancs. La poignée du glaive est bleu d'acier, le fourreau noir; les courroies entortillées autour des deux sont blanches. Le bouclier est rouge cinabre et a dessus quatre ornemens blancs. La lance du chevalier ainsi que le sceptre du prince, qui tous deux se sont en partie écaillés de dessus le fond d'or, sont de couleur blanche. Les deux figures sont sur un fond d'or bruni et de bordures de couleur et entourées très près d'un dragon dont on a profité pour former un cercle et dont on voit encore une partie de la gueule et de l'aile.

*) Dans les tableaux du moyen âge sur lesquels on ne voit point d'or le minium est très souvent employé à la place de ce métal et signifie l'or. Dans la poésie, il est souvent nommé le rouge.

Les trois figures inférieures sont aussi des peintures sur parchemin du même temps, dessinées par l'éditeur qui en est en possession.

L'évêque à gauche porte une mître blanche avec des galons d'or, un habit couleur de feu qui entoure la main droite; le collet autour du cou est bleu, le pallium blanc avec des croix noires, le bâton blanc; le livre d'or. L'évêque à droite a la mître, le pallium, le livre, tels que le premier; son habit de dessus à collet est bleu, la manche large et saillante ainsi que l'étroite est blanche. Les deux demi-figures ont un fond d'or bruni et sont entourées d'ornemens arabesques de plusieurs couleurs.

Les sept guerriers placés comme gardes auprès du saint tombeau ont tous ensemble des cottes de mailles bleu d'acier et des coiffures d'or. Un d'eux porte un habit couleur de feu; les glaives ont une poignée d'or et une lame d'argent; les lances ainsi que les ceintures sont blanches; le bouclier à gauche d'un rouge de feu, celui à droite est vert: tous deux ont une bordure de la même couleur, seulement un peu plus claire. Le fond est jaune la bordure du bas est d'or, l'ornement des deux côtés de plusieurs couleurs.

**PLANCHE IV.** Costume de chevalier de l'an 1216 jusqu'en **1220.**

Sculpture de la chapelle de St. Maurice dans la cathédrale de constance dessiné d'après la nature elle même par *F. Hoffstadt.*

Cette figure se trouve dans la petite chapelle du Saint sépulcre, qui représentant une rotonde, est bâtie au milieu de la chapelle de St. Maurice, en forme de polygone. — Dans son intérieur, on voit le Saint sépulcre: dans les

Ritterliche Tracht 1252.

angles des murailles polygones se trouvent des figures sur de petites colonnes: vis à vis de l'entrée basse et étroite aux coins de la muraille à droite et à gauche, sont placés les gardes du tombeau représentés ici sur les planches 4 et 5.

La figure est sculptée en pierre à chaux bleuâtre, mais malheureusement enduite de blanc. En 1830 lorsque ces figures furent dessinées, l'extérieur en était au moins coloré; et le tout est travaillé dans un style gothique si grossièrement informe et semble d'autant plus appartenir à la première moitié du XIII<sup>me</sup> siècle, que le costume des figures porte aussi en soi l'empreinte du temps de 1218 à 1220.

Il est avéré qu'à la place de ce monument, un tombeau du christ avait déjà été érigé au X<sup>me</sup> siècle par l'évêque Conrad, patron de l'ancien évêché de Constance. Par contre dans les monumens de l'architecture allemande du moyen âge dans le haut Rhin (première livraison: Constance, Fribourg 1825) page 6, le chanoine Jacob Kurtz, mort en 1578 y est représenté comme rénovateur de la chapelle de St Maurice, et on dit que le Saint sépulcre fut fondé par le même en l'an 1560.

Cette fondation ne peut se rapporter qu'à la rénovation, c'est-à-dire à la peinture de la chapelle, ce qui dans les derniers temps arrivait très souvent.

Mais en tout cas le costume des gardes du sépulcre est pleinement d'accord avec d'autres sources: les véritables de la moitié du XIII<sup>e</sup> siècle. La figure représente un garde debout endormi, s'appuyant avec la main droite sur un casque qui repose sur ses genoux. Le dernier est de forme angulaire, fermé, avec des ouvertures pour les yeux, sous lesquelles se trouvent de chaque côté neuf trous ronds. La boucle repose sur la visière, triangulaire et plate. Sur la cotte de mailles environnant toute la figure, se trouve une

draperie supérieure, qui laisse les bras libres et qui est ouverte de côté, et sous la cuirasse paraît encore un court
morceau de draperie. Le large glaive pend à une ceinture
dont les bouts sont liés.

---

**PLANCHE V.** Costume de chevalier **1218—20** de
même une sculpture de la chapelle de S' Maurice dans la
cathédrale de Constance, dessiné par *F. Hoffstadt.*

On peut se servir pour cette figure de ce qui a déjà été
dit en général pour la planche IV. Elle contient deux gardes endormis; le premier assis s'appuyant avec ses deux
mains sur son casque, qui se trouve sur un rocher; l'autre,
debout derrière le premier, s'appuyant de ses deux mains
sur son bouclier. Le costume est le même que sur la planche
IV à l'exception des casques qui sont ronds et qui ne couvrent le visage que jusqu'à la moitié.

---

**PLANCHE VI.** Deux hommes en costume de cheva-
lier de la moitié du XIII<sup>me</sup> siècle, dessiné par *K. Ballenberger* d'après un tableau d'autel en détrempe dans le couvent de Heilbronn, où ils sont placés comme gardes du
Saint sépulcre.

Il est à remarquer que l'homme à gauche, n'a pas comme
ordinairement une cotte de maille qui lui entoure la tête:
mais à la place un bonnet de fer attaché aux chaînes, sur
lequel est encore placé un chapeau de fer.

L'homme à droite, nous fait voir par les parties qui couvrent ses bras, que les cuirasses de peau étaient déjà en
usage dans ce temps là et qu'elles ne sont garnies de métal
qu'à de certaines parties et de différentes manières; elles

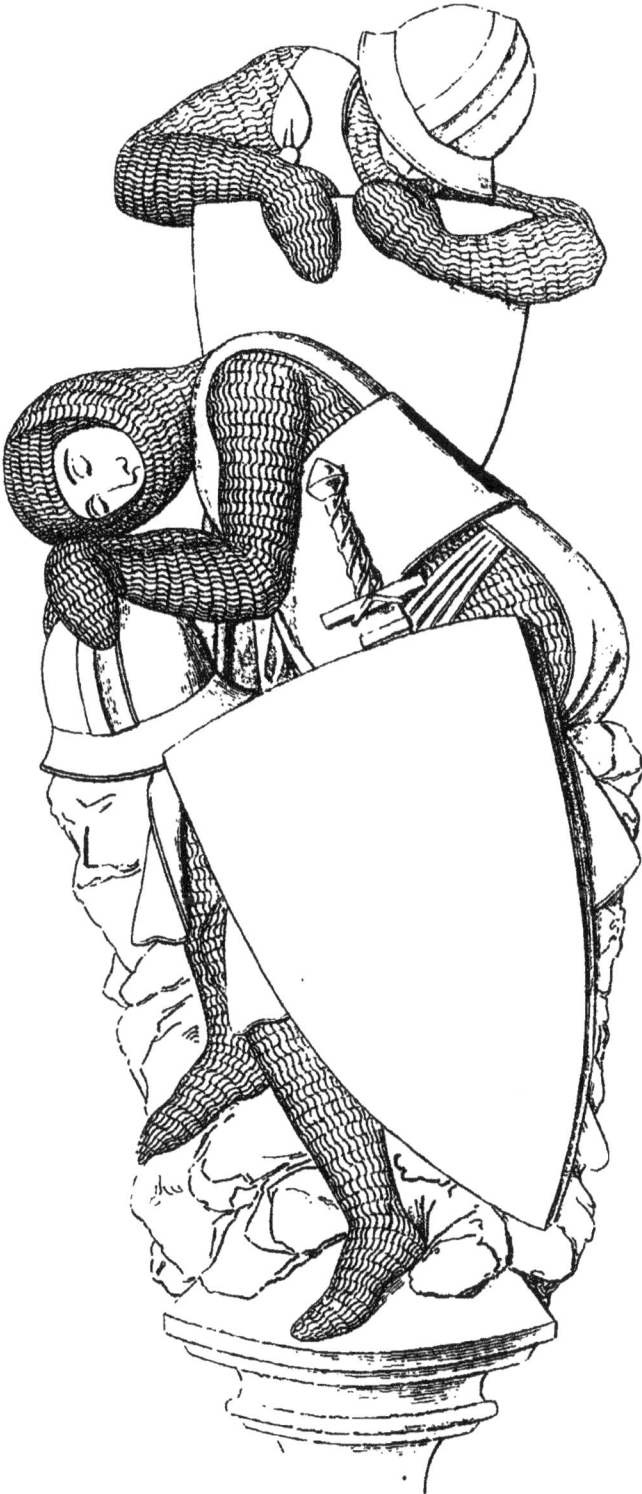

forment le passage des cottes de mailles aux cuirasses complettement en fer.

Chez le premier, les deux casques, l'habillement de chaines, les gants sont couleur de fer; le vêtement de dessus d'un vert bleu avec une bordure circonscrite d'un blanc jaunâtre. Le glaive a la poignée jaune et le fourreau noir entouré de courroies blanches. Chez le second, le casque, le collet de chaines, les bandes de fer du coude, les trois cercles de l'avant bras, sont couleur de fer; le reste de ce qui couvre les bras est noir. Le manteau qui pend au dessous des genoux est jaune avec une doublure rouge cinabre; le bouclier est de même rouge cinabre avec des armoiries blanches.

Kaiserbild aus dem Evangeliarium
Kaiser Heinrichs II

# Explication des Planches.

**PLANCHE VII.** Portrait de l'Empereur tiré de l'évangile dont Henri II. († 1024) fit présent à la Cathédrale de Bamberg, maintenant à la bibliothèque royale de Munich, communiqué par J. D. Passavant.

Le peintre de notre planche voulait sans doute représenter Henri II., mais il se servit à ce but d'une figure d'Empereur d'un temps antérieur c'est à dire de celui des Carlovingiens qu'il copie en général, et ce dont par exemple le portrait de Charles le chauve († 877) qui se trouve dans le livre d'évangiles de St. Emmeran, de la même bibliothèque, fournit une preuve. La manière du dessin, et le large coup de pinceau dénotent un peintre de cette ancienne école romaine qui s'était répandue en France sous Charlemagne, tandis que l'école de peinture postérieure, du temps de Henri II. prit, par l'influence de l'art byzantin en Allemagne, une direction déclinante de la manière romaine antique, comme cela saute aux yeux dans les originaux des deux portraits de l'empereur Henri II., que nous connaissons déjà dans cette division. La forme du globe impérial d'or avec la croix blanche, comme il en paraît déjà une

I.                                                    3

toute semblable dans un portrait de Pépin († 786) est remarquable, et celle du sceptre d'or, un long bâton, ayant au bout un oiseau assis, probablement un pigeon comme on en trouve déjà de semblables en usage dans le VII<sup>me</sup> siècle au sceptre de Dagobert, et au XIV<sup>me</sup> siècle, à celui d'Edouard II. roi d'Angleterre.

La couronne composée de plusieurs lames d'or (probablement par ignorance de la perspective des formes angulaires) est garnie de pierreries, des quelles, les deux rondes et l'ovale sont rouges, les trois placées le plus près de la dernière vertes, et les autres bleues. Le manteau agraffé sur l'épaule droite est bleu verdâtre, les galons en haut du col, or, garnis de pierres rouges et vertes. Le vêtement supérieur à manches étroites, nous offre la pourpre en usage dans le moyen âge comme nous avons déjà eu l'occasion de le remarquer dans cet ouvrage, au manteau de l'empereur Henri II. assis sur son trône, comme aussi les feuilles pourpres du Codex en parchemin, qui ont cette couleur. Les larges galons d'or, dont celuici est garni en abondance, sont ornés de pierres enchassées en rouge, dont les grosses sont bleues, les petites vertes, et les ovales rouges. Les galons ont en général des bordures en perles. L'habit de dessous est de lin blanc, les bas sont d'étoffe rouge, les souliers noirs avec des pierres rouges enchassées en blanc. Le siège qui se termine en têtes et en pattes de chien, est recouvert d'une couverture rouge minium, avec une garniture et un coussin violets; la partie supérieure du rideau est verte avec des ornemens blancs, la partie inférieure, rouge sombre, le tabouret de bois brun.

**PLANCHE VIII.** Crosse d'évêque du XI<sup>me</sup> siècle, dessinée d'après la nature même par l'éditeur. Elle fut conservée dans la cathédrale de Mayence et recueillie, il y a plusieurs années dans un tombeau, sous le milieu de la tour principale du dôme, dans lequel on trouva encore, outre cette crosse, une bague représentée sur la planche suivante, et des vestiges d'ossemens. Ce tombeau passe pour être celui de l'archevêque Sigfroi III. de Mayence, qui mourut en 1249; son monument funéraire se trouve cependant près d'un pilier de cette église et est représenté dans les additions sur l'art en Allemagne et la science de l'histoire, du Docteur F. H. Müller. 1<sup>re</sup> année N° 6: Que ce soit l'archevêque Sigfroi, ou un autre qui ait été placé dans ce tombeau, nous reconnaissons au travail de la crosse, exécuté dans un style byzantin pur, qu'il ne provient pas du XIII<sup>me</sup> mais bien du XI<sup>me</sup> siècle. Elle est de bronze doré au feu et un quart plus grande que ne le montre notre planche. Il manque un pied du bâton rond, à compter de l'ornement inférieur. Comme il ne s'en est plus rien retrouvé, le reste doit avoir été d'après la manière d'alors, de bois peint en rouge. Les quatre lézards sous le bouton, dont seulement deux sont visibles sur notre planche, ont chacun sur le dos trois pierres bleues et un arabesque d'or dont le fond est émaillé de bleu, remplit les quatre espaces entre eux. Des perles noires en forment les yeux. Sur le bouton, huit cailloux du Rhin sont enchâssés entre les huit ornemens ciselés. Les ornemens en feuillage qui se prolongent sur le milieu des courbes, ont comme en bas un fond émaillé bleu. De l'autre côté le bâton est travaillé de la même manière, excepté que l'homme appuie sa jambe droite horisontalement sur le lézard, et que son vêtement forme quelques plis différens.

**PLANCHE IX.** Sceau de la ville d'Aschaffenbourg, de plus une crosse et une bague d'évêque. Tous ensemble du commencement du XIII<sup>me</sup> siècle, dessinés par l'éditeur.

Cette empreinte d'un sceau de cuivre, qui est en possession de l'éditeur, nous donne une idée de la façon des sceaux de ces villes qui étaient sous la domination ecclésiastique. Il s'y trouve ordinairement un souverain ou Patron, assis entre deux tours (symbole d'une ville). Ici c'est un évêque, probablement parceque Aschaffenbourg appartenait alors à l'archi chapitre de Mayence. Il porte les ornemens épiscopaux de ce temps, c'est à dire, la mitre encore passablement basse, le bâton simple, et est assis sur un trône orné de têtes de chien, appartenant encore aux temps les plus anciens. Il est à remarquer que les sceaux des autorités laïques sont ronds, et que ceux des ecclésiastiques forment une ellipse pointue en haut et en bas.

La crosse est prise du monument funéraire de l'archevêque Sigfroi III. dont il est déjà question planche 8 et a été représentée, pour rendre sensible la différence du style entre celui ci, et celui trouvé dans le tombeau.

La bague représentée de deux cotés et dans ses moindres détails, fut trouvée dans le même tombeau avec la crosse de la planche 8. Elle est d'or massif et la pierre ovale qui y est enchassée, une opale, blanc de lait.

**PLANCHE X.** Costume d'un évêque, du commencement du XIII<sup>me</sup> siècle, d'après une pierre sépulcrale peinte qui se trouve dans le cloître de la cathédrale à Freising, dessiné par C. Ballenberger.

Ce monument représente l'évêque Ehrenbeck (ÆREN BEKAUS) qui à la vérité d'après l'histoire de l'évêché de

EST ECREENBER KAVS · NAC · PRAESVL · IN · AEDE · SEPVLTVS · AEQ · COO PP EROV · S · SAXO · DE · PAVPERE · SCVLPEO · S · TVLO ·

Traict einen Ranchisp um 1200.

Freising, administra déjà cette église dans le VIII<sup>me</sup> siècle; mais il résulte de l'écriture, du style, du travail, du costume même, comme aussi de l'exécution du tout, qu'il n'a point été érigé avant le XIII<sup>me</sup> siècle.

Cette planche sert ici de modèle pour le vêtement des évêques de cette dernière époque, et de preuve que les artistes du moyen âge, ont employé les costumes de leur temps, même pour représenter des personnages de siècles antérieurs.

La mitre, rouge écarlate a l'extérieur, blanche intérieurement, est garnie de galons d'or et a des bandes pendantes bleues. Le manteau rouge écarlate a une doublure blanche et est à la place du col bordé de galons d'or. Le pallium blanc qui pend ici au dessus du manteau vers les épaules a trois croix rouges en forme de fleurs. L'habit de dessus, ainsi que ses rallonges sur sa gauche jusqu'à terre, est bleu avec avec deux galons d'or; l'aube blanche bordée d'or aux mains, souliers écarlates. La crosse blanche a des ornemens d'or.

PLANCHE XI. Surplis de l'archevêque Willigisius du commencement du XI<sup>me</sup> siècle, dessiné d'après la nature elle même par l'éditeur.

St. Willigius de basse extraction, fut nommé évêque de Mayence en l'année 975 et exerça comme tel une grande influence sur les affaires ecclésiastiques, il érigea plusieurs édifices à l'honneur de Dieu, parmi lesquels la superbe cathédrale de Mayence. Il mourut en odeur de sainteté en l'année 1011, et fut enterré en la dite ville dans l'église de St. Etienne qu'il avait bâtie lui même. Quelques siècles après, on trouva dans son tombeau le suplis ci-dessus en-

core assez bien conservé. Nous trouvons en lui les plus
anciennes formes de surplis, qui originairement étaient de
larges manteaux sans manches pendant de tous côtés; *)
mais qui plus tard furent échancrés sous le bras, pour la
commodité des prêtres pendant leurs offices et prirent peu
à peu les formes modernes. Cet habit extrêmement remarquable est conservé dans l'église de St. Etienne et sert encore maintenant au prêtre qui dit la grandmesse le jour
anniversaire de l'archevêque. Il consiste en une forte étoffe
de soie d'une couleur vert mat tirant fortement sur le jaune,
qui autre fois était plus vive. Les ornemens dont on a joint
un modèle, dans une proportion un peu plus grande, de la
même couleur en style bysantin, sont tissus à la manière
des ouvrages damassés; ils courent derrière perpendiculairement, et se réunissent devant horizontalement vers la cou-
ture, ce que nécessite la coupe en forme de roue du manteau.
Il pendroit jusqu'aux pieds d'un homme grand et est pourtant plus long derrière que devant, quoiqu'on voie qu'originairement, un morceau ait été ajouté par devant. L'ancienne
doublure était rouge, comme on peut encore le reconnaître
à quelques traces. La garniture supérieure vert pré et les
bandes pendantes sont neuves. La petite bande rouge cousue verticalement derrière de haut en bas est représentée
ici moitié de la grandeur naturelle. Les ornemens qui sont
dessus sont encore dans le style grec, tissus en rouge foncé,
nuancé d'or. Aux deux cotés du vêtement se trouve une
raie de 18 anneaux de cuivre passés dans un cordon de

*) La chasuble de St. Meinweck évêque de Paterborn († 1036) que l'on
a trouvée dans son tombeau, lors de l'abolition du couvent des Bénédictins a
aussi la même coupe. Elle est de damas de soie blanc, est garnie du haut
en bas et en croix vers les épaules d'une large bande tissue de pourpre et
d'or. La doublure est aussi de soie pourpre violette.

soie vert foncé, garni d'un gland en haut et en bas. Cet arrangement servait à relever les deux cotés du manteau, comme une espèce de rideau et à l'attacher fortement; ce qui rendait les bras libres, et donnait la forme ordinaire de l'habit d'évêque dans le moyen âge.

PLANCHE XII. Gens de guerre de la fin du XI<sup>me</sup> siècle, dessinés par l'éditeur.

La figure supérieure est prise d'un fragment d'une peinture sur parchemin qui se trouve en possession de l'éditeur. Elle représente des guerriers qui semblent être conduits au combat par leur chef. Les armures formées d'écailles carrées ainsi que les casques sont peints en argent; les revêtissemens des derniers ainsi que le morceau pendant sur le nez sont peints en or; la draperie de lin plissée qui parait sous la cotte demailles est blanche nuancée de bleu. Le guerrier de devant a sur la cuirasse des garnitures rondes d'or ( peut être une distinction du chef ); les jambes qui ne sont point cuirassées, sont vêtues de rouge. Les boucliers courbes et triangulaires à la mode d'alors, vraisemblablement de bois, sont peints avec les ornemens qui suivent: le large bord extérieur de celui de devant est rouge cinabre; des deux raies suivantes, la première est blanche, la seconde or: l'intérieur vert pré avec des lignes croisées blanches: le bouclier de derrière de couleur rouge cinabre, a une bordure minium, avec des lignes blanches. Les boucliers sont suspendus au col par des rubans bleus; le glaive, peint ici en argent, a une poignée en or: les lances sont blanches. Ces figures se trouvent sur un fond d'or et un terrein vert. Le fond de l'ornement conservé encore sur un coté, a de deux côtés des barres rouges, les feuilles sont bleues, les ares d'or.

La figure inférieure est prise d'une peinture sur parchemin, d'un livre d'évangiles qui se trouve à la bibliothèque royale de la cour à Aschaffenbourg. Elle s'accorde en général encore très bien avec celles qui nous sont parvenues du temps des Carlovingiens, car on y trouve encore souvent des lettres d'or sur le plus précieux parchemin pourpre, des lettres initiales dont les entrelacemens se terminent en têtes d'animaux et en ornemens rapellent les originaux antiques, mais sont travaillés en rouge, par exemple des oves, des raies de coeur, des à la grecque et autres. Il en résulte de là et du costume des figures mêmes, que le manuscrit appartient au plus tard, au XIIᵐᵉ siècle.

La cuirasse écaillée et le casque, sont comme en haut peints en argent. Le glaive a aussi une poignée d'or, les jambes non cuirassées, sont de même vêtues de rouge. Le bouclier qui est debout, est d'or dans le milieu; les couleurs de la bordure, suivent de l'intérieur à l'extérieur dans l'ordre ci dessous: cinabre, blanc, minium, blanc, cinabre; celui du guerrier couché à terre à droite a un fond blanc, des bandes rouges en travers, sur les quelles se trouvent alternativement des raies bleues et vertes de festons arrondis: le bouclier de celui qui est étendu au dessus, est bleu avec un bord noir, brun et blanc, et celui du guerrier placé à gauche est rouge cinabre avec un bord de minium, noir, brun et blanc. Dans la bordure en bas, le feuillage se change en diverses couleurs; les deux raies de la bordure sont en haut blanches, dans le milieu orange, en bas cinabre, la rosette au milieu, or.

*St. Helena. Tracht einer Kaiserin a. d. 9ten Jahrn.*

# Explication des Planches.

**PLANCHE XIII.**   S<sup>te</sup> Hélène, d'après une peinture en miniature du IX<sup>me</sup> siècle, dessiné par l'éditeur.

Le codex en parchemin, dans lequel se trouve la peinture en miniature ci-jointe, est un livre d'évangiles du temps des Carlovingiens, et il fut conservé dans la bibliothèque de l'université de Heidelberg, où il fut transporté après la supression du cloître Salmansweiler.  Le nom de la Sainte n'est désigné par aucune inscription; le diadème sur sa tête et la croix dans sa main, semblent indiquer S<sup>te</sup> Hélène.

Elle porte une tunique fermant au col, et descendant jusqu'aux pieds, qui est resserrée sur la poitrine par un joyau. Le bord inférieur de cette tunique est orné de deux galons d'or, entre lesquels un troisième forme des dentelures: un ornement de la plus haute ancienneté, qui fut déjà trouvé parmi les sculptures des plus vieux édifices chrétiens, comme par exemple: au porche à Lorsch.  Le bord supérieur de cette tunique est couvert par le large collier en or, dont des ornemens descendent en forme de losange.  Le manteau est parsemé de cercles en or, dans l'intérieur des quels on voit un ornement blanc, à trois points blancs.  Ce manteau n'est autre chose qu'une grande pièce d'étoffe quarrée, jettée sur les

1.                                                                    5

épaules, dont le bord de devant est orné d'un large galon, sur lequel s'enlace un simple feuillage en or, qui nous rappèle les anciens ornemens des Romains. Les cheveux des saints sont séparés en raie, et couvrent la partie supérieure des oreilles, qui sont ornées de larges boucles d'oreilles, auxquelles pendent des ornemens en forme de losange. Il en est ainsi du diadème, grand et riche bandeau en or, qui entoure la tète. La chaussure consiste en souliers simples, sans ornemens, et sans rubans.

La Sainte tient de la main droite une croix en or, garnie de pierres (on prétend que l'on conserve une croix semblable à Herford en Westphalie, dont Charlemagne fit présent à Wittekind). La main gauche couverte par le manteau, tient un livre à tranche blanche et à couverture en or. La Sainte est assise sur un trône simple, pourvu d'un coussin et d'un banc pour les pieds. La tunique est pourpre, la doublure, rouge clair. Le joyau sur la poitrine est bleu, monté en or. La couleur du manteau est d'un bleu pâle, à peu près bleu de ciel. et les plis sont désignés par des raies violettes. La bordure en est rouge pâle ainsi que le coussin, qui a de même un ornement simple en or. L'auréole est en or, la chaussure noire. Les pierres du collier sont bleues, celles qui retombent en losanges, rouges, et celles qui se trouvent aux pointes, sont vertes.

Les pendans d'oreilles consistent, premièrement en une pierre verte, en forme de poire, dessous celle-ci, trois pierres bleues rondes, et à chacune des dernières, une verte en forme de losange, avec une perle blanche à l'extrémité de sa pointe. Les pierres du diadème et les perles immédiatement au dessus, sont blanches: au-dessus de celleci sont des pierres bleues, en forme de losange, dont chacune porte à sa pointe supérieure, une pierre ronde de couleur verte. Les pierres trian-

*St. Catharina. Jungfrauentracht um 1280.*

gulaires, au bord inférieur du diadême, sont vertes, les rondes, qui se trouvent à leur pointe, sont bleues, et tout le reste des perles, blanches. Les pierres de la croix sont vertes, celles du milieu bleues. La couleur du trône est d'un blanc bleuâtre, celle de l'escabelle, blanc rougeâtre, le fond du tableau d'un bleu foncé, obscur et mat.

D'après la manière des plus anciens tableaux sur parchemin, les ombres du visage et de la main sont verdâtres, tous les contours tracés, ou en noir, ou en rouge minium.

Tout le vêtement est romain, sans pouvoir s'y méprendre. Les souliers noirs seuls, nous rappèlent un temps moins éloigné.

Ce qu'il y a de très remarquable, c'est le contraste du cadre extrêmement brillant, avec le tableau tout à fait mat, ce qui est visiblement une imitation d'une mosaïque byzantine. L'extérieur, ainsi que l'intérieur, sont en or, les petits demi-cercles, dont les diamètres suivent la direction des rayons, sont remplis en or, les autres en argent; le fond est de l'outremer le plus pur; dans chacun des petits champs triangulaires, se trouvent trois points blancs.

PLANCHE XIV. S⁰ Catherine, d'après une peinture sur verre, dans la cathédrale de Fribourg en Brisgau; dessiné par l'éditeur.

La roue, le glaive et l'auréole, sont les seuls attributs de S⁰ Catherine; le reste représente le costume d'une jeune fille de la fin du XIIIᵐᵉ siècle. Elle porte un vêtement à manches étroites, dessinant la taille: par-dessus, un surtout sans manches et sans ceinture, à échancrures larges et très descendantes pour les bras. Ces vêtemens qui ressemblent beaucoup aux cottes d'armes des chevaliers, tirèrent aussi delà, le nom de *cotellæ* (cotelletes); ils étaient, comme on les portait toujours, d'une couleur différente de la robe de dessous, très propres à faire entrevoir une taille svelte, à travers les échancrures des manches.  On voit sur le devant de cet habit un ornement assez singulier, consistant en une chaîne, disposée de manière à représenter un K.

Le vêtement de dessous à taille et à manches, est violet. Le surtout jaune, dont la doublure est pourpre et les souliers jaunes.  Les ornemens des deux vêtemens, ainsi que ceux des souliers, sont tracés par des lignes noires sur la peinture en verre.  L'auréole est verte, le cercle autour noir, avec des perles blanches.  La chaîne du K est blanche, la chevelure blonde, la couronne qui y est placée, couleur de perle, le glaive et la roue couleur gris d'acier.

PLANCHE XV.  Sceptre du XIII<sup>me</sup> siècle, dessiné par l'éditeur.

L'original de ce sceptre, fut conservé dans la ci-devant abbaye de l'empire, et se trouve maintenant en possession de Mr. le professeur Dr. Müller à Wurzburg.  Notre figure est de la moitié de la grandeur de l'original, celui-là est de bronze et doré au feu; deux bandes d'argent tournent autour de la poignée, en forme de spirale, la cannelure qui se trouve entre, est dorée.

Le pommeau inférieur est orné de quarrés noirs et émaillés en forme de losange, le bouton du milieu au commencement de la poignée, ainsi que le supérieur immédiatement sous la tête du chien, le sont avec de petites plaques d'argent, incrustées d'émail noir.  Quoique ces ornemens semblent indiquer le fin du XIII<sup>me</sup> siècle.  Le style dans lequel la tête de chien est travaillée, ainsi que tout l'extérieur du sceptre, sont d'un

Scepter aus dem 3ten Jahrh.

Ritter Walther v. Klingen Ende des 13. Jahren.

bysantin pur. La tête de chien parait souvent dans ce temps là comme symbole écclésiastique, probablement en rapport à leur vocation pastorale. C'est ainsi qu'on le voit à beaucoup de crosses. La tête de chien et le pommeau du milieu, sont dessinés en grandeur naturelle, à la gauche et à la droite du sceptre.

***

PLANCHE XVI. Chevalier Gauthier de Klingen, d'après un Fac simile du codex de Manesse, de la bibliothèque royale de Paris; communiqué par le baron J. de Lassberg, au vieux château de Meers, honorable protecteur du livre de costume, et qui s'est acquis un haut mérite dans l'histoire de la patrie et dans celle de l'art.

Gauthier de Klingen, chevalier et troubadour, mourut vers la fin du XIIIᵐᵉ siècle (en l'an 1298). Le Codex de Manesse appartient à la première moitié du XIVᵐᵉ siècle et d'après cela notre portrait ne devrait pas au fond trouver si bien sa place dans la Iʳᵉ que dans la IIᵐᵉ division, ce que parait aussi exiger au premier aspect, l'emploi abondant d'ornemens héraldiques, propres au XIVᵐᵉ siècle. Cependant, en considérant de plus près, que ces enrichissemens proviennent d'une époque, où les principes des émaux héraldiques, n'étaient pas perfectionnés, l'on peut admettre, que si même ce dessin a été exécuté au XIVᵐᵉ siècle, c'est pourtant très vraisemblablement d'après un original plus ancien, qui appartient encore au XIIIᵐᵉ siècle. Cette supposition est aussi confirmée par la figure en forme de tonneau, tronqué par en haut du heaume de deux chevaliers, ce ne fut qu'au XIVᵐᵉ siècle, que celui-ci reçut une forme plus arrondie à sa partie supérieure. *)

***

*) C'est sur un sceau de chevalier de Richard Iᵉʳ d'Angleterre, sur un acte d'ordonnance criminelle de l'année 1198 pour l'abbaye de Sᵗ Georges de

Les deux chevaliers portent la *brunne*, comme nous en avons déjà souvent représenté une (I<sup>re</sup> Division, Planche 4, 5, 18). Le chevalier Gauthier de Klingen porte le heaume d'or, et comme joyau de casque, deux haches, dont les tranchans sont garnis de plumes de paon. Sa cotte d'armes d'escend jusqu'aux pieds, et est ouverte par devant. Le caparaçon est comme les harnais de tournois du XV<sup>me</sup> et XVI<sup>me</sup> siècle; la selle a de même la forme postérieure. La cotte d'armes et le caparaçon, ne sont pas parsemés avec les écussons de Klingen exactement héraldiques, et les armes sur le bouclier ne sont pas non plus fidèlement représentées; la couronne du lion devrait être d'or et sa langue rouge. La bride ne consiste qu'en un bridon.

L'autre chevalier équipé de la même manière, n'a point de joyau de casque et son bouclier n'est vu que de l'intérieur; la cotte d'armes et le caparaçon ont tous deux la coupe pareille à celle du chevalier Gauthier de Klingen.

Les couleurs sont: pour le chevalier Gauthier de Klingen, le heaume d'or, les haches d'argent, les plumes de paon de leur couleur naturelle, le lambrequin rouge, la brunne couleur de fer, le bouclier noir billeté d'or, et un lion couronné d'argent. La cotte d'armes et le caparaçon jaune, doublés de blanc, et parsemés des écussons du chevalier sans billetes. La ceinture brune, les éperons et les étriers argent, la lance brune, la selle or, le cheval noir, la guide blanche.

Pour le chevalier étranger: le heaume or, la brunne couleur de fer, la cotte d'armes et le caparaçon échiqueté or et

Bochemville; présentement dans les archives du département de la Seine inférieure, que l'on voit jusqu'à présent le plus ancien heaume. Ce heaume fermé par devant par une plaque de fer garnie de fentes, ne reposait pas sur les épaules, comme les casques postérieurs, mais au contraire était fixé sous le menton par une attache en fer. Le joyau qui se trouve sur le Casque, appelé *crest*, ne peut plus se reconnaître sur le cachet.

rouge avec des boutons d'or aux coins et doublure blanche; le ceinture brune, les éperons et les étriers argent, le cheval noir, la selle d'or, la guide brune avec des bossettes d'or. La doublure du bouclier est rouge pâle avec trois raies d'or obliques, son attache blanche. Au côté droit du cheval se trouve une espèce de crochet peint en couleur de fer, probablement pour supporter la lance; cette dernière est brune. Le sol est brun, représentant le sable: les triangles supérieurs du bord sont bleus, les inférieurs rouges, les triangles placés entre, jaunes.

PLANCHE XVII. Costume de femmes de la fin du XIII° siècle. Cette figure forme la partie supérieure de la précédente, en ce qu'il représente des spectatrices. Celles avec des bonnets, représentent des femmes; celles avec des couronnes, représentent des jeunes filles. Les arcades sont ocre jaune, bordées de lignes rouges, les petites étoiles rouges. La première jeune fille, à la gauche du spectateur, a un vêtement vert foncé avec des manches bleues, la suivante, un couleur de rose, la troisième, un bleu foncé, la quatrième, un couleur de rose avec des manches vert foncé, le vêtement de la cinquième est vert clair. Les bonnets sont blancs, la garniture des draperies, autour du col et des mains, est d'or.

PLANCHE XVIII. Costume d'un chevalier anglais vers l'an 1200; dessiné par Monsieur Robert Pearsall de Willsbridge, Esq.; auquel le livre de costume est redevable de communications très appréciables.

Ce monument se trouve dans la cathédrale de Worcester; la statue couchée est sculptée en bois, et montre encore les

vestiges des couleurs avec les quelles elle était peinte originairement. Le chevalier, qu'elle représente, appartient à la
famille normande de Harcourt, qui est encore maintenant très
florissante : les jambes croisées l'une sur l'autre, désignent,
d'après l'ancienne manière anglaise, un croisé.

Le chevalier porte une chemise de mailles *(hauberc, haubert, brunne)* avec le capuchon de casque qui s'y trouve *(cap-
mail, lamaille, brunne de casque)* voyez le livre de Costume
I<sup>re</sup> Division, planche 3, 4, 5, 12, dont l'usage remonte jusque
dans le X<sup>me</sup> siècle. Le même ouvrage en maille, en quoi consiste la brunne, se trouve encore dans ce temps employé partout, pour préserver les jambes et les pieds. Il s'appelait chez
les Normands *single-mail* et consistait en chaînes à chaî-
nons étroits, placés les uns à côté des autres, qui étaient cousus à un dessous de cuir. Ces chaînes remplacèrent depuis le
commencement du XIII<sup>me</sup> siècle, les anneaux, les écailles et
les plaques, précédemment fixés à côté les uns des autres (livre de Costume I<sup>re</sup> Division, planche 3—12) et furent de
leur côté, supplantés de nouveau vers la fin de ce siècle, par
un autre arrangement, où quatre anneaux fixés par un cinquième, formaient un entrelacs indépendant, qui ne nécessi-
tait plus de soutien. La genouillère en cuir de notre statue,
qui fut d'abord trouvée au commencement du XIII<sup>me</sup> siècle, est
remarquable. Elle était piquée en laine, et avait pour but de
préserver le genou, qui aurait pu être facilement blessé dans
un choc, par la pression des chaînes de fer. Vers la fin du
XIII<sup>me</sup> jusqu'au milieu du XIV<sup>me</sup> siècle, ces genouillères de
cuir furent pourvues de plaques de fer, pour mieux préserver,
qui reçurent dans la première moitié du XIV<sup>me</sup> siècle, une
forme appropriée à la rondeur du genou, mais reposaient encore toujours immobilement fixées sur la genouillère en cuir
(livre de Costume, II<sup>me</sup> Division, planche 15).

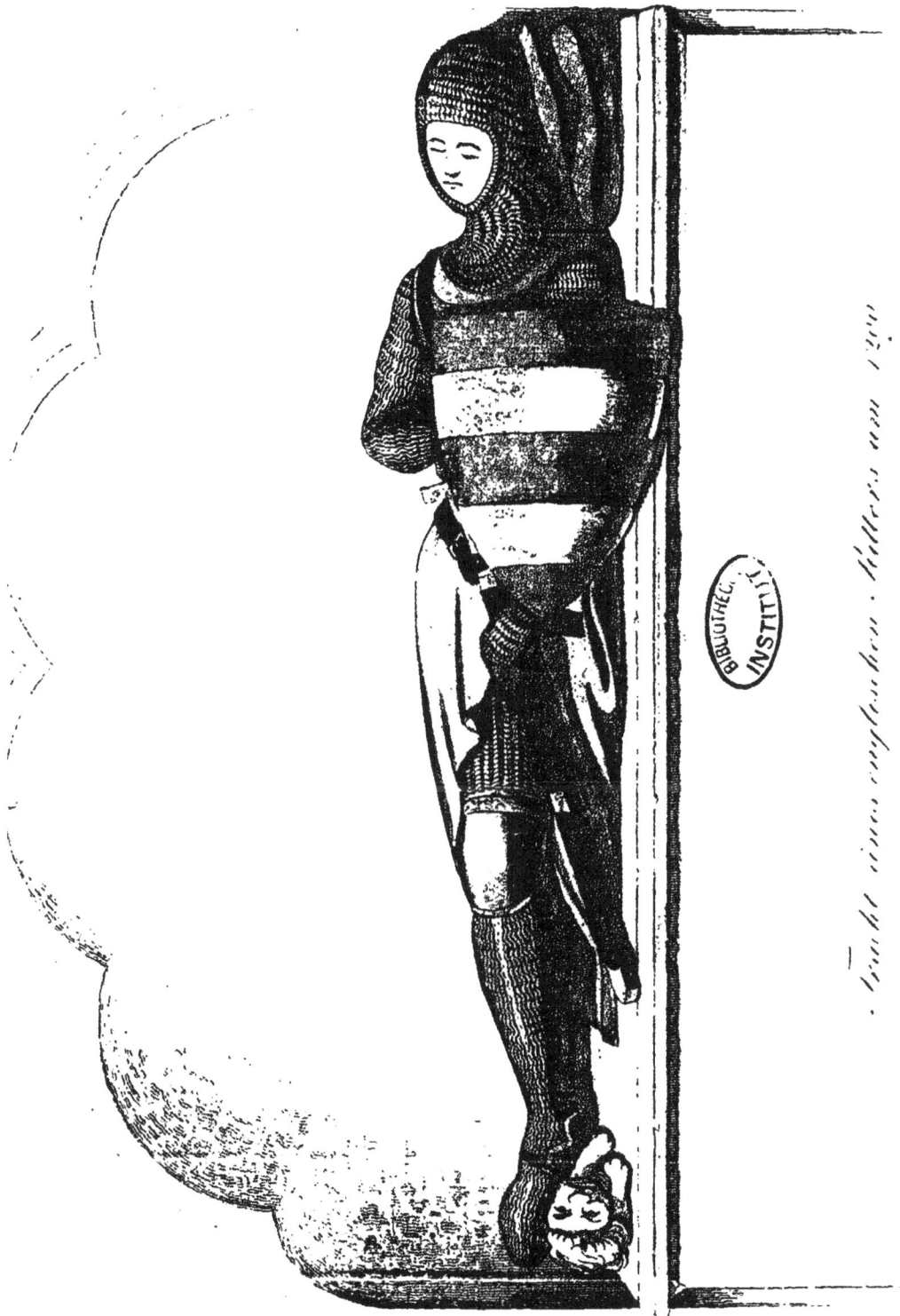

*Statue d'un empereur, tombeau vers 1300.*

La coupe des cottes d'armes fut bien souvent changée; elle paraît n'être devenue d'un usage général, que d'abord à la fin du XII<sup>me</sup> siècle, jusqu'à la I<sup>re</sup> moitié du XIV<sup>me</sup> siècle. On les portait pour la plupart plus courte devant que derrière; cependant il s'en trouve aussi plusieurs coupées tout en rond, en bas à peu près à la hauteur des genoux.

Les couleurs de la statue sont: tous les ouvrages en chaînes, couleur de fer, la genouillère en cuir brun, en haut et en bas, avec des bords dorés, les éperons or, leurs courroies ainsi que les attaches du bouclier, et la bandouillère brun. Cette dernière a une boucle d'or. Le fourreau du large glaive noir, la simple poignée en croix et la garniture or. La cotte d'armes rouge, le bouclier rouge avec deux fasces d'or en croix (ces signes de blason y auront probablement été placés, vers le milieu ou près de la fin du XIII<sup>me</sup> siècle). Le coussin pourpre, le lion de couleur naturelle.

# Explication des Planches.

**PLANCHE 19.**  Costume Lombard du IX^{me} siècle, d'après le manuscrit des loix lombardiennes, dans le couvent de la S^{te} Trinité de la Cava, dans la principauté de Salerne, communiqué par **J. D. Passavant.**

On lit au dessus du roi, l'inscription suivante: RACHIS REX *(Rachis, Roi).*  Rachis était roi des Lombards, au milieu du VIII^{me} siècle, et s'était beaucoup distingué dans la législation des Lombards.  Quoique d'après la manière dont il est traité d'un bout à l'autre, on voit que le Code en question, appartient au XI^{me} siècle; l'imitation merveilleusement fidèle du costume romain, la manière même dont les jambes et les pieds sont couverts, qui nous rappèle l'émigration du nord, nous montre pourtant que le dessinateur a eu pour modèle de plus anciens originaux, encore du temps des Carlovingiens, et que nous ne croyons pas nous tromper, si nous plaçons ce costume dans le IX^{me} siècle.

Le roi porte une couronne, consistant en un large cerceau d'or, dont le haut est orné de perles et d'un lys, probablement une copie imparfaite de la couronne lombarde à Monza.  La forme angulaire parait provenir d'un manque de connaissance dans la perspective ( voyez la planche 7 de cette division ).

I.                                                                 8

Son manteau romain, relevé sur l'épaule gauche par une *fibula* agrafe (à en juger d'après la peinture) semble être d'une étoffe de soie, dont le fond est violet et nuancé de jaune et de blanc; probablement pourpre, tissu d'or et d'argent. Autour du col ainsi qu'à tout un bord, il a une large bordure d'or enrichie de pierreries. Aux deux bords de devant descendent des ornemens longs et étroits, en forme de tuiles posées les unes sur les autres. Le roi porte sur la tunique, la Lorica en cuir piqué des romains, que les allemands nomment déjà d'ancienne date *Panzar* au lieu des courroies étroites garnies d'écailles en bronze, qui descendaient de la Lorica romaine; pour garantir les cuisses, on a attaché ici quelques larges bandes, qui, à ce qu'il parait, sont bordées de pièces de métal. On voit cela plus distinctement sur la petite figure placée à la droite du roi. La tunique a des manches étroites et collantes; le pantalon est aussi collant. Des brodequins dentelés complètent le costume.

Ce qu'il y a de plus remarquable et de plus caractéristique ce sont les entrelacemens des cordons avec lesquels, les pantalons, les bas ainsi que les manches sont ornés. Ces sortes d'entrelacemens qui étaient un ornement principal de la plus ancienne architecture chrétienne furent employés d'abord par les romains, comme motifs de l'arrangement des couleurs dans leurs ouvrages en mosaïque. C'est ainsi qu'on les voit dans beaucoup de pavés antiques du II$^{me}$, III$^{me}$ et IV$^{me}$ siècle, par exemple, dans les pavés encore en bon état qu'on conserve à Munich parmi la collection étrusque, et dans un plus grand encore au musée de Lyon. On voit déjà dans le V$^{me}$ siècle, que cet ornement est employé dans l'architecture, et sculpté en marbre, comme par exemple, la balustrade de l'Ambone à l'église de S$^{te}$ Clemente à Rome. De grands et magnifiques ornemens formés de ces cordons entrelacés, sont conservés dans les débris remarquables des l'église de S<sup>te</sup> *Pietro di ciel d'oro* à Pavie, qui maintenant sert de magasin à foin. On voit ici sur notre planche cet ornement adapté à un costume de l'occident. Cela s'est conservé plus longtems sur les costumes orientaux, formant encore de nos jours les principaux ornemens des costumes grecs, turcs, maures, et même des hongrois. Le sceptre du roi est un bâton long en or, orné en haut d'un godet, calice en fleur.

On voit encore plus distinctement sur le petit guerrier à droite, probablement un porte glaive. *Spadarius,* que sur le roi, la cuirasse piquée avec de larges bandes en écailles, descendantes. Les souliers sont attachés avec des rubans à l'instar des sandales romaines. Le stilet ainsi que le petit écusson rond (parmula), sont tout à fait romains.

La figure à la gauche du roi est probablement un homme de qualité de l'empire. Son manteau est aussi orné d'une bordure garnie de pierreries et l'on voit sur les manches des entrelacs de liserés. Elles sont encore bordées outre cela au poignet, comme celles du roi, par un galon garni de pierreries.

On ne saurait donner un détail exact du costume de la figure, qui est dans le fond, sinon d'une partie du vêtement jaune et d'une bande pourpre autour du haut du bras.

La communication de cette figure, qui n'est que grossièrement dessinée, a été regardée comme très intéressante pour les artistes qui exercent, abstraction faite de son importance, en ce qui concerne l'archéologie et l'histoire dramatique, vu que l'histoire des Lombards contient beaucoup de motifs, qui conviennent à la représentation artistique, et que les idées les plus générales sur leur costume, ne sont pas encore fixées.

Le coloris est selon l'état des arts de ce temps là, brute et monotone; par exemple les cheveux sont indiqués avec des taches violettes et les joues avec des taches rouges. Nous pouvons cependant admettre que l'essentiel de la couleur s'accorde avec le costume du temps. Le manteau du roi est violet (pourpre des anciens) rempli de beaucoup de raies blanches, jaunes et rouges. Le large galon autour du col et l'ourlet du manteau, jaune (or), avec des pierres blanches eucadrées en rouge; l'ornement en forme de tuiles sur les deux côtés, violet et bordé de rouge. La lorica et la tunique sont bleues toutes deux, bordées de raies rouges, jaunes, blanches et violettes; les genoux rouges, les bas jaunes, bordés de rubans rouges et blancs, les bottes violettes et bordées en rouge.

La lorica du porte glaive à droite, ainsi que les manches, rouge, les lacets qui sont dessus, jaune, la tunique, rouge, les bandes de dessus en écailles, sont blanches, bordées de jaune, le bouclier est jaune, le glaive couleur de fer. Le manteau de l'homme de qualité, à la gauche du roi, est bleu, la bordure en est jaune avec des pierres blanches; la lorica et la tunique sont violettes, la bande à écailles qui descend sur le devant, blanche bordée de rouge, les pantalons rouges avec rubans jaunes; les souliers bordés de jaune bleuâtre.

PLANCHE 20. Mineurs de la fin du XIII<sup>me</sup> siècle, d'après des peintures sur verre, qui se trouvent dans la cathédrale de Fribourg en Brisgau, dessiné par l'éditeur.

La plupart des fenêtres peintes qu'on y voit, ont été fondées par diverses maîtrises, dont les armes, attributs etc. se trouvent dans la partie inférieure; celles qui ont été fondées par la maîtrise des mineurs, contiennent en bas des mineurs à leur travail, dont nous en représentons ici deux, pris des différentes fenêtres.

Tous deux portent le *Guggel* (capuchon), par dessus des bonnets avec une bordure en forme de tuile, soit en feutre ou

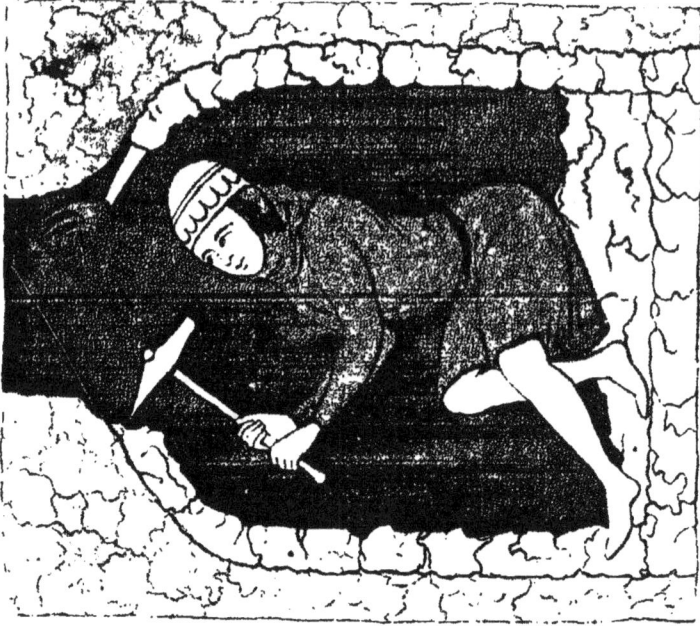

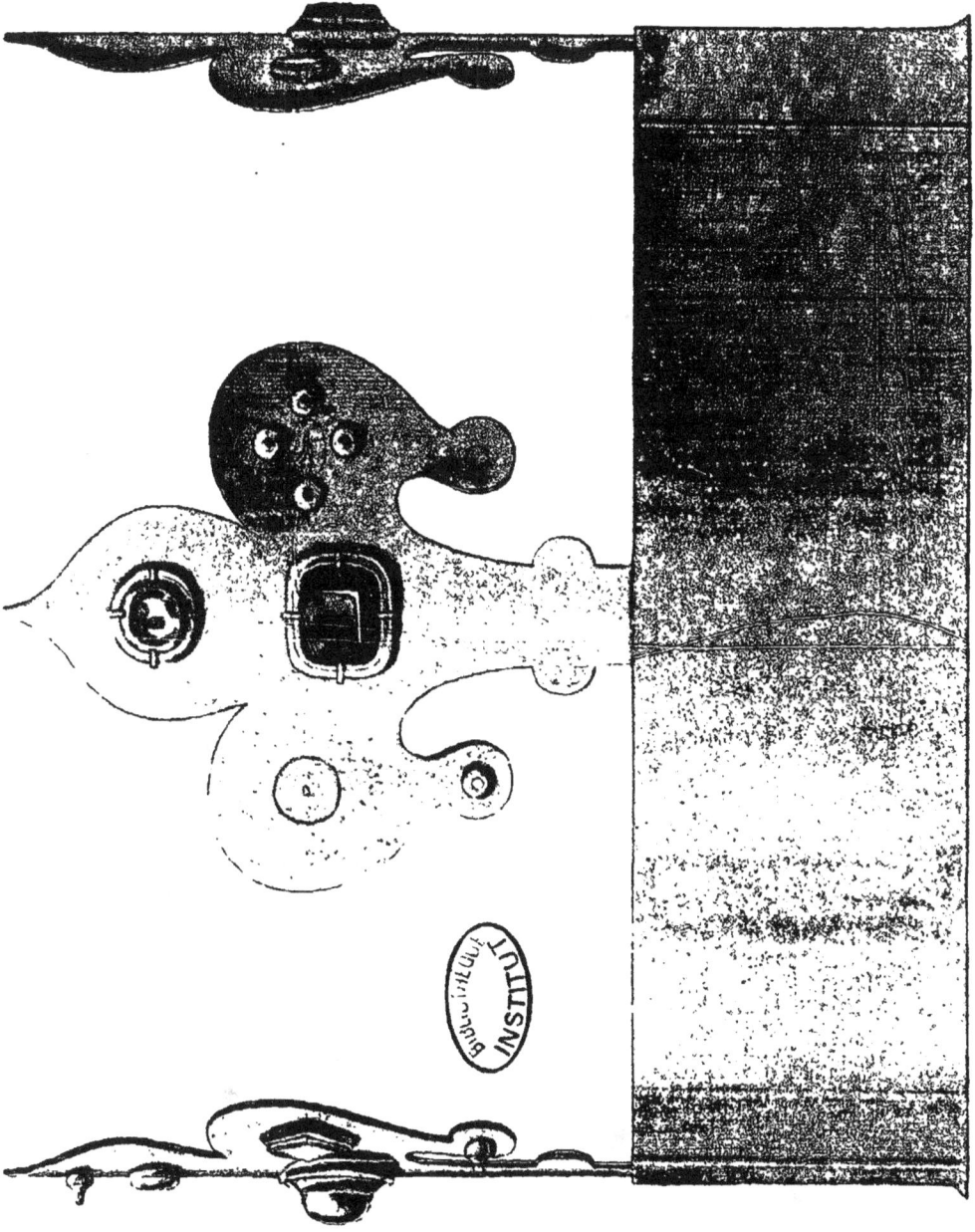

en cuir. D'autres *mineurs* portent ainsi dans ces vitraux de semblables coiffes de nattes jaunes, probablement en osier. Tout le vêtement de celui qui est à genoux est jaune; le Guggel et l'habit de la figure assise, rouge, les pantalons, jaune. La grotte forme un fond noir, la disposition intérieure des pierres est bleuâtre, l'extérieur, violette. La peinture n'a comme toutes celles en verre de ce temps-là point d'ombres, seulement des contours noirs.

**PLANCHE 21.** Couronne de la reine Anne, première femme de Rudolphe de Habsburg, décédée en **1281**, de grandeur naturelle, dessinée géométriquement par J. J. Neustück, d'après l'original qui s'est trouvé jusqu'en l'année **1834** dans le trésor de la Cathédrale de Bâle. C'est en cette année que l'on vendit publiquement cette relique vénérable de l'art ancien, don de piété de la reine Anne, avec le reste du trésor de la cathédrale. Elle fut portée plus tard à Francfort sur le Mein, et se trouve maintenant dans la collection de S. A. R. le prince Charles de Prusse.

La Couronne est en argent doré épais, garnie de pierres fines. La grande échelle sur la quelle nous la representons ici, n'est pas seulement intéressante pour l'artiste, mais aussi pour l'histoire du technique. Quoique les facettes en soient tres imparfaites, les pierres montrent cependant quels progrès on avait déja faits alors dans l'art de les tailler, en les comparant avec les pierres seulement polies en rond, que l'on voit à d'anciens monuments de ce genre.

La pierre supérieure ronde de la ligne du milieu est blanche bleuâtre (opale); celle qui se trouve dessous est violette (améthiste); des quatre pierres qui se trouvent à côté, les trois supérieures sont rouges, les inférieures bleues, les deux pierres sur le lys à la droite du spectateur sont bleues, les deux rondes à sa gauche d'un blanc tirant sur le bleu (des opales); celle en forme de lozange est jaune foncé (hyacinthe); tout le reste est d'or.

**PLANCHE 22.** Restes d'un manteau impérial du XI⁰⁰ siècle, dans la sacristie de la cathédrale à Metz dessiné par Charles Reguier.

D'après une ancienne tradition, Charlemagne doit avoir été vêtu de ce manteau pour chanter les vêpres dans l'église de ce lieu.

Ce manteau remarquable, est d'une étoffe de soie dont les couleurs sont parfaitement conservées et tissue en or et en argent. Le dessin des aigles ainsi que les ornemens du genre arabesque, et surtout la forme des animaux, démontrent le XI⁰⁰ siècle. Les croissants, mais plus encore les écussons ronds sur les ailes de l'aigle du milieu au bas, justifient cependant la conjecture, que ce manteau est un ouvrage oriental.

Il est probable, que des lettres orientales ont servi de motif aux ornemens placés sur les deux écussons de l'aigle et sur ses deux côtés. Dans tout son ensemble, ce manteau nous rappèle celui de Frédéric II. que l'on peut rechercher parmi les joyaux de l'empire dans l'ouvrage de Murr (description et représentation des joyaux de l'empire). Il n'est pas probable qu'il soit Carlovingien. Il était à l'instar des anciens manteaux d'empereurs, bordé d'un galon d'or orné de pierres fines, qui fut coupé du tems de la révolution française; plus tard il fut encore rogné pour pouvoir entrer dans une caisse qui lui était destinée. Il servait de draperie sur les épaules, dans le genre des pendants du XIV siècle ou des manteaux à roue d'aujourd'hui. Il était autrefois doublé de soie verte,

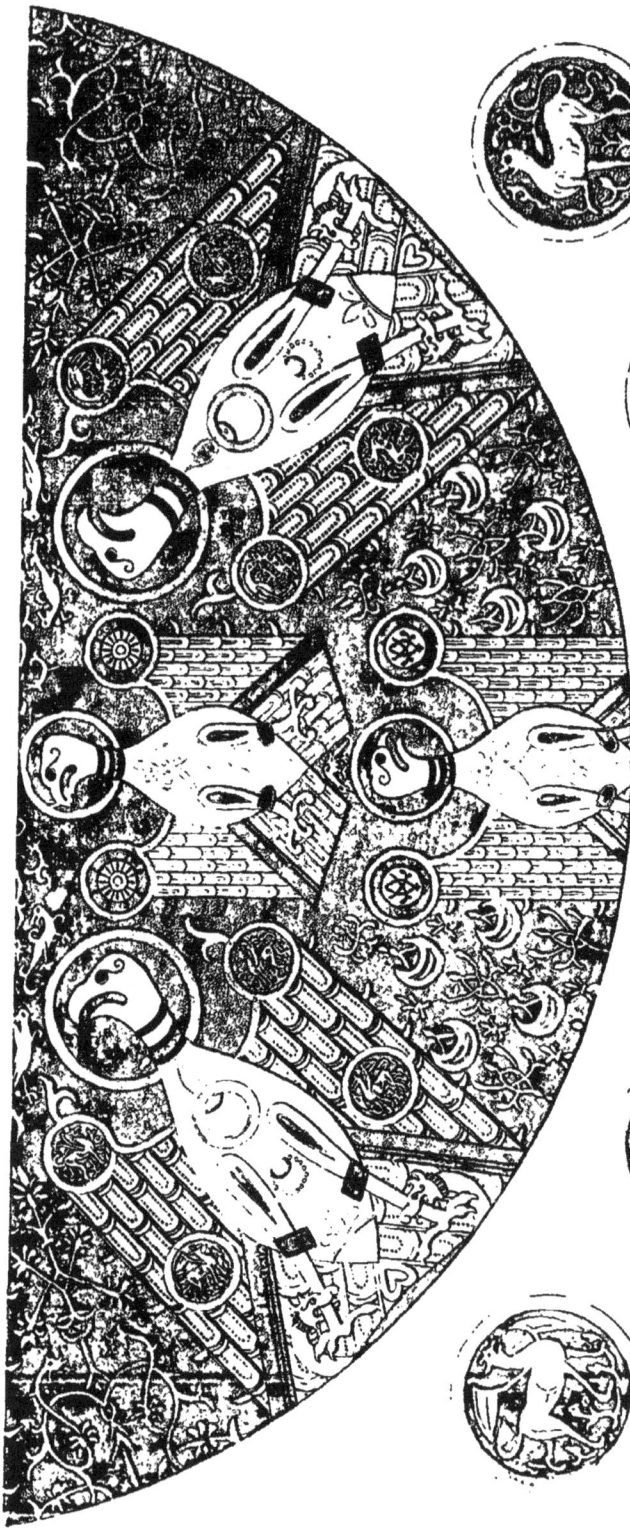

maintenant il l'est d'une toile d'emballage bleue grossiére et
bordé d'un galon qui n'est point analogue.

La couleur du fond du manteau est écarlate, les aigles
ainsi que les autres ornemens sont tous en or bruni et mat
avec les exceptions suivantes: chacun des 4 aigles a trois
colliers noirs; les espaces en forme de tuiles entre les perles
dans les ailes et les queues, sont en argent; de même les
côtés du milieu dans les ailes et les queues des deux plus petits; les séparations des plumes dans les ailes des deux grands
aigles se font par des lignes bleues, et dans les queues par
des lignes vertes; de même dans les queues des plus petits.
Les quatre aigles ont sur chaque jambe un champ rouge oblong
et un quarré, le premier bordé de vert, l'autre de bleu; des
lignes vertes dans l'intérieur des croissans y forment un second
croissant.    Notre planche représente les petites figures d'animaux en or sur fond rouge, sur une plus grande échelle.

---

**PLANCHE 23.** L'Empereur Frédéric Barberousse d'après
un bas relief de grandeur naturelle dans le cloître du couvent
St. Zeno près Reichenhall, dessiné par Ballenberger*).

---

*) Le Livre du Costume avait aussi dans le commencement comme tous
les ouvrages de ce genre, beaucoup d'obstacles à vaincre. On ne participait
que faiblement alors à le protéger, et dans son origine la correspondance ne
pouvait point obtenir assez tôt le résultat désiré. Maintenant, que le livre
de Costume trouve toujours de plus en plus des protecteurs, et que les pièces
les plus précieuses lui arrivent de toutes parts, on met le plus grand soin
dans le choix et dans l'inspection des matériaux qui devinrent beaucoup plus
nombreux qu'on ne l'esperait d'abord. Parmi les objets que nous avons
l'intention de communiquer, appartiennent avant tout les effigies contemporaines des empereurs allemands, remarquables comme attestations des costumes et de l'art allemands, et de haute importance comme monumens na-
tionaux, qui ne pouvaient tomber dans l'oubli ou dans la dégradation que
par la démoralisation des derniers siècles. Beaucoup peuvent encore être
cachés ou seulement connus dans les environs les plus proches, c'est pour-

Le convent de St. Zeno fut achevé en **1122** par l'archevêque Conrad I<sup>er</sup> de Salzbourg et rendu aux chanoines de
l'ordre de St. Augustin.   La statue de l'empereur est de la
même matière que toutes les corniches et chapiteaux du cloître.
Elle se trouve dans une profondeur en forme de niche, dont
la largeur répond parfaitement à celle de l'appui de la fenêtre
qui se trouve en dessous, dont on peut induire que le monument était destiné dès son origine à cette place qu'il occupe
encore aujourd'hui.   Nous savons d'ailleurs par d'anciens
diplômes, que Barberousse est allé visiter Salzbourg plusieurs
jours en **Février 1170** et à fait des donations considérables
au convent de St. Zeno.

D'après toutes ces raisons, nous sommes autorisés à admettre, que ce bas-relief est un portrait contemporain de cet
empereur.

La tête est travaillée avec un soin tout particulier et porte
l'empreinte de ce repos monumental, que l'on trouve si souvent
dans les sculptures anciennes.

La barbe est de grandeur moyenne et légèrement séparée,
les cheveux soigneusement arrangés, taillés de la même longueur, placés en grandes boucles égales, qui couvrent la partie supérieures du front, et ne retombent pas sur les oreilles.

La couronne ouverte en haut, est garnie de pierres et
ornée de trois grand lys.   L'empereur porte, comme Henri II.
(voyez livre du *Costume* 1<sup>ère</sup> division, Planche 1, 2 et 7),
une tunique longue à manches étroites, qui sont bordées au
poignet de deux petits et d'un plus large galon, le dernier est
garni d'une rangée de pierres rondes. (Il y a de semblables

quoi nous prions tous les amis de la grande patrie en général, que si de tels
monumens se trouvaient et qu'on put en prouver l'authenticité, de vouloir
bien en prévenir l'éditeur ou un des collaborateurs de cet ouvrage, afin
d'exécuter la figure du monument et d'en faire la description.

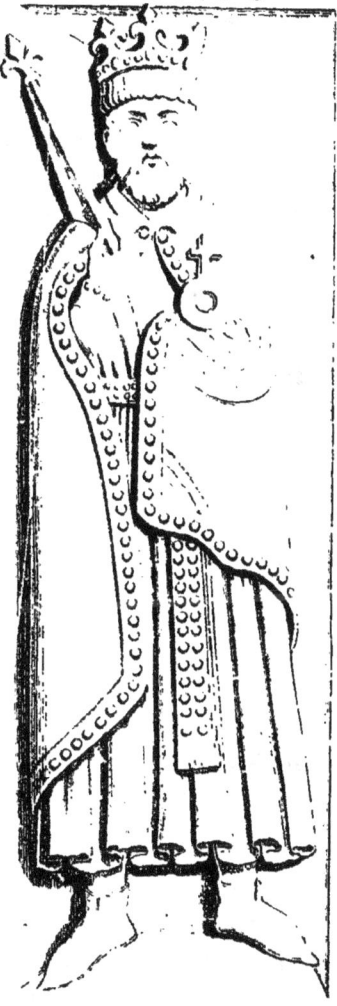

FRIDERIC.

Friedrich der Rothbart

pierres peintes sur le portrait de Henri I" livre du Costume I"° division, planche I"°). Ce ne sont pas des perles mais plûtôt des saphirs et des émerandes que l'on ne savait pas tailler alors, et dont on enchassait la forme arrondie dans un cerceau en or rouge.

La tunique de Frédéric se distingue de celle de l'empereur susnommé en ce qu'elle est moins ample autour du corps et qu'elle manque de galon au bord. Les plis inférieurs sont même placés avec plus de régularité presqu'à la manière du XIII"° et du XIV"° siècle. La tunique de l'empereur est soutenue par une ceinture garnie de pierres dont les bouts en franges descendent jusqu'aux genoux. Le manteau n'est pas attaché sur l'épaule droite par une *Fibula* à la manière romaine, mais il l'est devant sur la poitrine par une agraffe imperceptible. Son bord tourné vers le cou est relevé, le manteau est court et coupé droit du bas, costume anglo-normand, tel qu'il a été introduit par Henri II. d'Angleterre (et qu'à cause de cela, l'on nomme dans les chroniques *Court-Manteau*). Le bord du manteau est garni d'ûn large galon et de pierres rondes. On n'aperçoit qu'une petite partie des pentalons. Les souliers vont un peu en pointe et montent jusque par dessus la cheville.

L'empereur porte dans la main droite, le sceptre court orné d'un lys, dans la gauche, le globe impérial avec la croix.

Cette effigie de l'empereur Frédéric et parfaitement d'accord dans le costume et dans l'exécution avec celle de son grand contemporain, Richard coeur de Lion, qui se trouve dans l'abbaye de Fontevrauld; tous deux portent la longue tunique à ceinture haute, avec le manteau court attaché sur la poitrine; ils portent aussi tous deux les mêmes couronnes; la seule différence consiste en une courte tunique de dessus, qui chez Richard recouvre l'autre.

PLANCHE 24.  Conradin de Souabe, mort en 1268 d'après le code de Manesse, dessiné par l'éditeur.

Conradin qui parait ici prendre le divertissement de la chasse, porte une large draperie à manches étroites (capeline) sans ceinture, des gants de peau qui remontent jusqu'à la moitié de l'avant bras et des bottes noires à bec sans éperons. Sa tête est ornée d'une couronne. La selle est posée sur une couverture de dessous carrée; la bride consiste en un simple bridon; la pièce de devant du harnais est garnie de grelots ou sonnettes.  Le pied repose dans un étrier de la forme encore maintenant en usage.

Le cavalier qui suit Conradin par derrière, a la main gauche sur la quelle il porte un Faucon, préservée par un gant, probablement fourré.  Sa draperie aussi longue qu'ample est mur'ie d'un capuchon (Guggel).  Le harnois et les étriers ont la même forme que ceux de Conradin; il n'y manque que la couverture de dessous et les sonnettes à la pièce de devant.

Les couleurs sont, pour Conradin la couronne en or les cheveux rouges (Tous les Hohenstaufen paraissent dans les anciennes miniatures avec des cheveux rouges en opposition avec les Welfes, dont on représente toujours les cheveux brun foncés ou noirs!) La capeline d'un vert bleuàtre, la doublure vert clair, la bordure autour du cou, jaune, les gants blancs, les bottes noires, la selle or, l'étrier argent, la couverture de dessous, rouge, la bride blanche avec garniture jaune, la pièce de devant rouge, avec grelots et sonnettes en or, le cheval pommellé gris et blanc.

Celui qui l'accompagne; la capeline et capuchon (guggel) rouge foncé, tous deux doublés de vert clair; le gant blanc, la botte noire, l'étrier argent, la bride et la selle noires, la première avec garniture blanche: les pièces de devant et de

derrière, couleur de cuir.   On voit sur l'armoirie, une croix noire en forme de trefle, bordée de rouge sur un champ d'or. Quoiqu'en faisant des recherches plus exactes dans le manuscrit, la vraie nuance de la croix, soit argent devenu noir par le tems, ainsi il est impossible d'y reconnaitre l'armoirie du royaume de Jérusalem, qui consiste en une croix potencée en or avec quatre petites croix d'or entre les coins, sur un champ d'argent.

L'Inscription dans le code: *Kunig Chounrat der Junge* Conrad le jeune, Roi, ne laisse aucun doute sur le sujet de la figure: nous ne pouvons cependant que répéter ce que nous avons dit, dans la description de la planche 16 de cette division, sur les dessins du code de Manesse. Les souliers à becs, les sonnettes au harnais, de même que le capuchon (guggel) désignent le XIV⁻ siècle, mais alors les capelines nous reportent au contraire vers le XIII⁻ et nous nous fortifions toujours dans notre supposition, que les tableaux de ces manuscrits sont des copies modernisées d'anciens tableaux, qui appartiennent encore au XIII⁻ siècle.

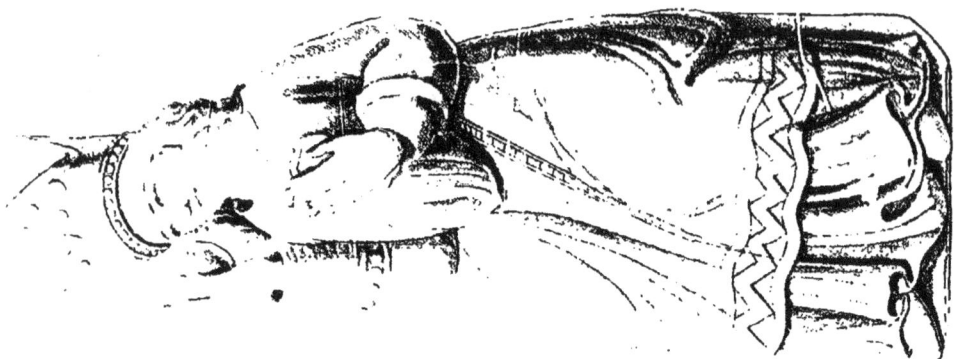

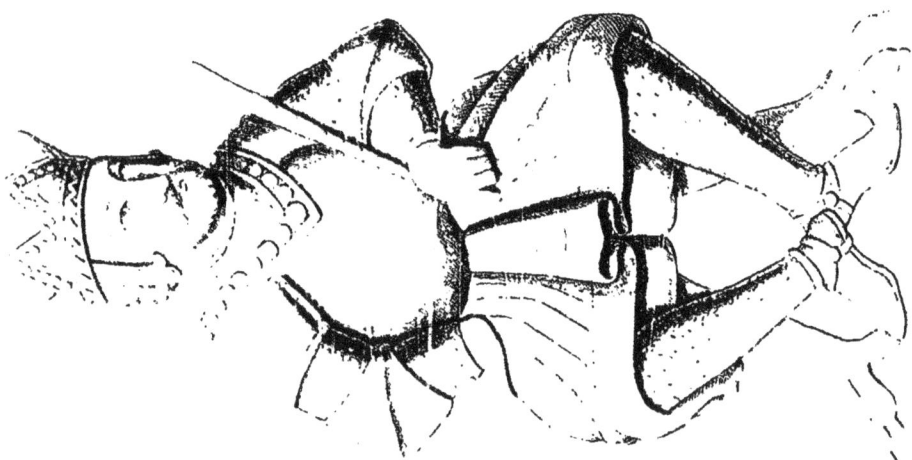

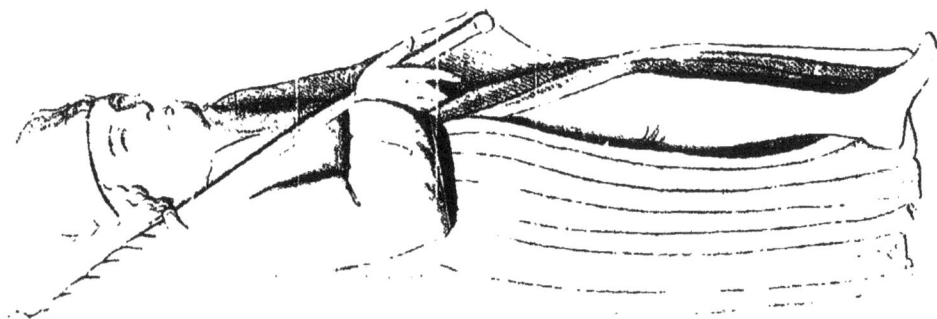

# Explication des Planches.

**PLANCHE 25.** L'empereur Frédéric Barberousse, son épouse Béatrice et l'évêque Otto de Freysingen, bas-relief sur un portail du dôme à Freysingen — communiqué par le professeur Schwanthaler.

Toute la composition du bas-relief, les costumes ainsi que l'exécution technique des deux figures, assignent à ce monument sa place à la fin du XII<sup>me</sup> ou au commencement du XIII<sup>me</sup> siècle. Il parait que la figure de l'empereur aura été retravaillée par un ciseau postérieur, en ce qu'on transforma les manches plissées, en manches collantes d'une chemise de mailles et représenta ici aux épaules et aux coudes des pièces préservatrices d'une armure à lames, bien postérieure. Ce qu'on peut conclure par le revêtissement des jambes, le dessin du tissu de mailles sculpté plus tard, pas avant la deuxième moitié du XIV<sup>me</sup> siècle, mais bien plutôt encore au commencement du XV<sup>me</sup>, d'après l'usage d'alors. qui exigeait que les chevaliers, les princes et les rois fussent représentés sous l'armure guerrière. L'absence du glaive et du baudrier démontre clairement que dans l'origine, cette armure n'existait pas.

Le trône de l'empereur avec ses pieds d'aigle, a encore la vieille forme originaire des siècles antérieurs (livre de costume I<sup>re</sup> Division, planche 7. 9) ces trônes étaient de bronze et dorés. L'empereur a très vraisemblablement un pentalon juste comme l'évêque, et des souliers; on ne peut plus distinguer si les courroies des éperons ont été sculptés en même temps, ou plus tard. Le dernier cas est probable, de même aussi que l'éperon peut avoir été cassé. La tunique courte ornée en bas d'un galon est étroitement serrée autour du corps. Les galons garnis de grosses pierres rondes sur la poitrine appartiennent à la draperie du manteau, que maintenant le ciseau a fait disparaître. La couronne est remarquable par les fermails, qui descendent sur les oreilles. La partie supérieure du sceptre est cassée.

De tels changemens postérieurs n'ont point eu lieu à la statue de l'impératrice. Nous la voyons vêtue d'une tunique à manches courtes, ornée en bas et en descendant par devant d'un large galon, où se retrouve l'ornement connu du zigzag. Elle porte au bras droit inférieur un bracelet orné de perles, dans la main droite une coupe, dans la gauche un mouchoir. L'habit de dessous à manches étroites, qui se prolonge jusqu'au poignet, descend jusqu'à la pointe des pieds. L'impératrice est aussi représentée assise.

L'évêque porte un long habit de dessus à manches demi-larges et des pentalons collans étroits, qui forment en même temps la chaussure. Il porte sur la tête un bonnet rond, qui est orné d'un galon au bas. La crosse est cassée en haut ainsi qu'au milieu de la hampe: ce qui lui donne l'air d'un sceptre court; la main gauche manque aussi.

Malgré que l'exécution de toute la sculpture, particulièrement la couronne de l'impératrice, soit encore très grossière, la position des figures est pourtant plus dégagée que

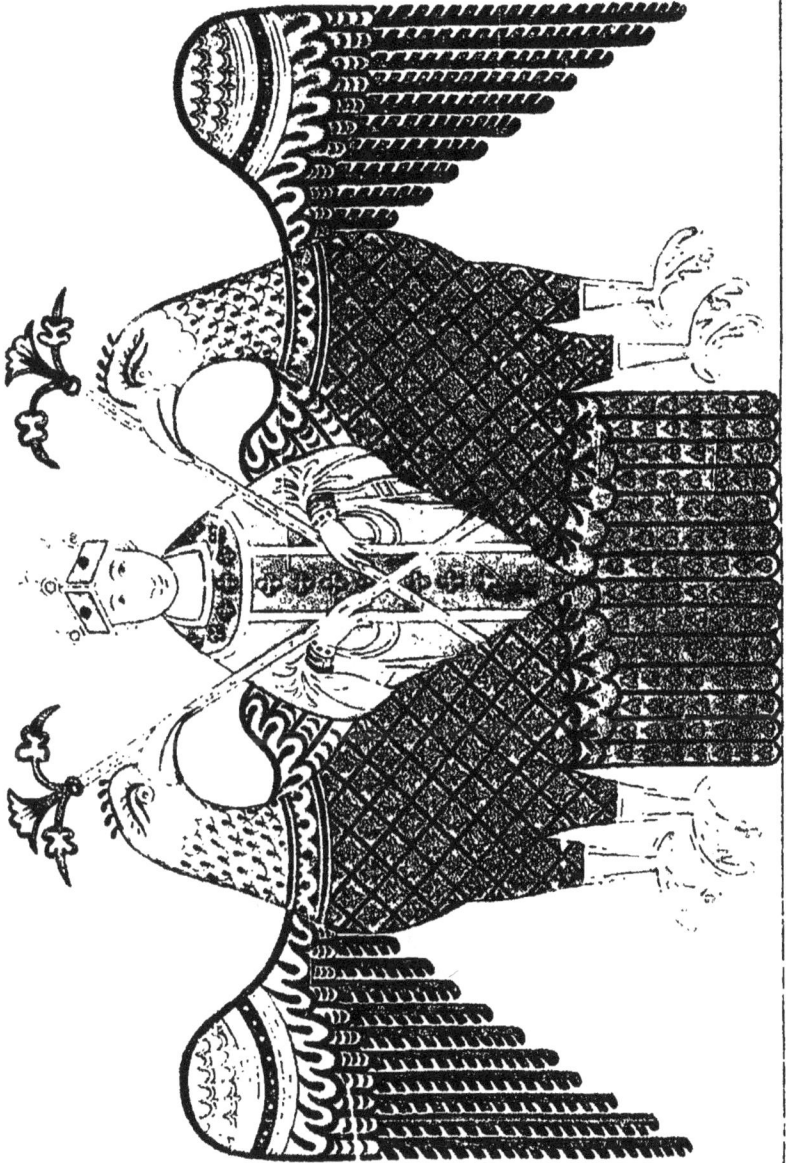

dans le style byzantin antérieur. Les vestiges des couleurs avec les quelles ce bas-relief avait été peint se reconnaissent encore çà et là, ainsi par exemple: la chaussure et le bonnet de l'évêque sont rouge clair; celle de l'impératrice bleu clair; galon, coupe et sceptre or. — Monsieur de Raumer a choisi pour frontispice de son histoire des Hohenstaufen le buste de cet empereur, pris du bas-relief ci joint. Cependant le portrait de ce même empereur que nous avons donné d'après le monument du cloître St. Zeno dans la I⁻ᵉ Division, planche 23, a un caractère plus contemporain.

PLANCHE 26. Broderie du Xᵐᵉ siècle sur le drapeau de St. Cyriac, qui fut conservé par la société historique de Würzbourg, dessiné par l'éditeur.

En l'année 1266, au jour de St. Cyriac, les Würzbour-geois remportèrent une victoire éclatante sur le comte Ber-thold de Henneberg, qui voulait s'emparer par force du siège épiscopal. En souvenir permanent de cette victoire, on con-sécra un drapeau au Saint protecteur de ce jour et on le sus-pendit chaque année le 8. août dans le dôme. Maintenant la société historique de Würzbourg le conserve. Sur la moitié inférieure de son envers est attaché le fragment de cette magnifique broderie exécutée en fil et en soies de couleurs, qui appartient évidemment à un temps beaucoup plus reculé (grandeur originale 1 pied 8 pouces, sur 3 pieds 4 po. large).

Un homme couronné, tenant dans chaque main un long sceptre, orné en haut d'un feuillage, est debout entre deux aigles, qui couvrent entièrement la partie inférieure de la figure. A l'extremité de la bordure, à la droite du spectateur, on voit encore les restes d'une inscription: VLA...OLIBV... PROSPIR. Nous devons laisser aux savans scrutateurs de nos antiquités ecclésiastiques, la signification de cette légende, ainsi que de l'objet au quel elle se rapporte; nous essayerons seulement ici de déterminer l'époque à laquelle peut remonter cet admirable ouvrage de l'art.

La forme de la couronne, composée de plaques d'or, droites et ornée de lys aux coins, représentée carrée par ignorance de la perspective, s'accorde parfaitement avec une image semblable du temps des carlovingiens (livre de costume I<sup>re</sup> Division, planche 7 et 19). La draperie, un manteau sans manches, pendant également de tous côtés, rapelle à la vérité l'habit de choeur de l'archevèque Willigis (livre de costume I<sup>re</sup> Division, planche 11); cependant on trouve des formes semblables dans les manteaux d'empereurs. Le galon garni de rosettes, tournant autour du cou et pendant par devant, a de la ressemblance avec celui du portrait de l'empereur (livre de costume I<sup>re</sup> Division, planche 7). Les deux sceptres tenus en croix rapellent le sceptre du roi Rachis, du temps des Lombards (livre de costume I<sup>re</sup> Division, planche 19). Les deux aigles avec leurs plumes paralelles à la queue et aux ailes sont stylisées à la manière de celles du manteau impérial (livre de costume I<sup>re</sup> Division, planche 22), que faute de renseignemens authentiques, nous attribuons au XI<sup>me</sup> siècle: pourtant ceux que nous avons sous les yeux sont considerablement plus simples, et en en inférant d'après la forme de la tête et du col, beaucoup plus anciens. Les arabesques conservés sur l'original seulement au côté droit et dans les quels non pas des aigles, mais bien des cygnes forment les figures principales, sont beaucoup plus ornés et beaucoup plus riches que ceux de la fameuse tapisserie de Bayeux, et appartiennent à ce qu'il y a de plus élégant dans ce qui nous est parvenu de temps si reculés; enfin l'inscription présente les anciennes formes romaines, comme on les voit partout du temps

Ritterliche Tracht aus dem Ende des 13t. Jahrh.

des Carlovingiens. Toutes ces considérations peuvent justi-
fier la supposition que cette broderie peut appartenir au IX", 
ou au plus tard au X" siècle.

Les couleurs sont comme il suit: Le fond de toute la broderie était dans l'origine une toile blanche avec un dessin
composé de lignes d'un jaune brun. Tous les contours de la
figure, des aigles et des arabesques sur le côté, sont déter-
minés par un entourrage rouge foncé. Les ornemens de la
couronne sont jaunes, les pierres dessus vertes, les deux intérieures rouges, les galons autour du cou et descendans sur
le devant, bleus avec des rosettes couleur de rose et l'encadrement jaune; le manteau rouge jaunâtre avec la marque des
plis jaune. Les manches de dessous rouge clair avec des galons jaunes; les sceptres jaune en haut. Dans les aigles: la
toile blanche forme la couleur principale des têtes jusqu'au
collier; becs et yeux jaune, les plumes du col bordées de
lignes jaunes, ayant des taches rouges au milieu. Le collier
consiste en lignes rouges et jaunes avec des ornemens en
feuillages verts. Le corps et la queue sont bleu, les lignes
paralelles qui sont dessus rouge, les petites feuilles entre,
vertes; les pieds jaune rougeàtre. La partie supérieure des
ailes, rouge clair, dans laquelle il y a un galon rouge avec des
perles blanches, et bordé de lignes jaunes et blanches; les
plumes en forme de scie. rouge foncé.—Les arabesques sont
des deux côtés bordés de lignes jaunes; quant aux cygnes. les
deux plus petits sont toujours jaune souffré, les deux plus
grands jaune orange; les rameaux verts. les têtes de serpent
rouge clair.

**PLANCHE 27.** Tombe d'un comte de Katzenellenbogen dans le jardin de la cour de Biberich, dessiné par
Fr. Hoffstadt.

On trouve encore dans le jardin de la cour de Bieberich six pierres sépulcrales d'anciens comtes de Katzenellenbogen, qui proviennent du cloître Eberbach; où on conserve encore plusieurs monumens de cette maison. Elles offrent toutes des figures de grandeur naturelle. Celui représenté ici est le plus ancien, et quoique sans inscription, il n'y a pas de doute qu'il provient de la fin du XIIIᵐᵉ siècle (probablement Thierry III. mort en 1276). Il est difficile de déterminer si la date de l'année en chiffres arabes avec un monogramme de sculpteur en dessus, est du même temps, ou a été gravée lorsqu'on retoucha plus tard les ornemens d'architecture. Cela est d'autant plus difficile, que la tombe en pierre de grès rouge a été enduite d'une couleur à l'huile gris verdâtre très épaisse.

Le chevalier porte la brunne (halsberg) à laquelle se trouve attaché le capuchon du casque; elle n'est point formée de petites plaques, mais bien d'anneaux enlacés les uns dans les autres, qui ne forment pas un entrelacs par eux mêmes, mais sont fixés sur une doublure inférieure de peau. Ce qui est en outre remarquable dans ce monument très instructif et très bien conservé, c'est la cotte d'armes à haute ceinture du XIIIᵐᵉ siècle; le baudrier, qui dans le suivant s'est transformé en ceinture de chevalier (cingulum militare) et la poignée simple et très bien détaillée du glaive. La cotte d'armes n'est fendue par devant que jusqu'aux genoux.

**PLANCHE 28.** Costume d'un évêque du commencement du XIIIᵐᵉ siècle, d'après une peinture en détrempe dans le dôme de Worms, dessiné par Fr. Hoffstadt.

En plaçant cette figure au commencement du XIIIᵐᵉ siècle, non seulement le costume de l'évêque même nous y détermine, mais aussi le genre des ornemens du cadre et la manipu-

lation propre à la peinture en détrempe. Il porte la mître basse épiscopale ancienne; le manteau est long et pas encore échancré pour le mouvement libre des bras (voyez I<sup>re</sup> division, planche 10 et 11).

La crosse a aussi de même encore la forme simple du bâton pastoral, qui est garni en bas d'une pointe. La longue draperie blanche et les souliers sont richement ornés à la manière du XII<sup>e</sup> siècle. Les larges galons garnis de pierreries ne nous y reportent pas moins.

L'encadrement architectural intérieur du tableau est d'après la manière de ce temps, travaillé en style de voûte gothique et a de forts contours noirs. Les ornemens dentelés du cadre plat, mais un peu saillant, sont traités dans le même goût; au reste tout le type du costume, qui est autre dans les siècles antérieurs, comme on le verra dans un exemple, qui paraîtra bientôt, prouve qu'on ne peut pas assigner à ce tableau, un temps beaucoup plus reculé.

Les couleurs sont: la mître, jaune avec des lignes rouges croisées et des points, bordée tout autour et en bas devant, de larges galons. Des pierres qui sont dessus, celle du milieu est rouge, les autres alternativement vertes et blanches. Le manteau rouge cinabre avec bordure blanche et doublure brun clair; bordé en haut d'un large galon d'or, qui est garni de pierres rouges et de perles blanches. L'ornement qui en descend est or avec des pierres ovales blanches et des quarrées rouges. La draperie supérieure est bleu foncé avec des ornemens ronds, dont l'intérieur est rouge, le bord extérieur vert clair, le second blanc; sur le large galon d'or les plus grosses pierres rondes sont vertes, le plus petites bleues, les quarrées rouges; sur les souliers, les galons sont en or, les champs de dessous, rouges, ceux croisés par des lignes noires, or, les autres verts. La crosse est toute or, le livre or

avec quatre pierres rouges aux coins et une bleue au milieu;
la bordure en est jaune avec des perles blanches. Toute la
figure est sur un fond d'or. L'entourage intérieur du tableau,
ainsi que la peinture du cadre change en couleurs variées où
le rouge et le bleu dominent.

----

**PLANCHE 29.** Pierre sépulcrale du général de l'armée saxone Wittekind (mort en 807) du XIᵐᵉ siècle, dans
l'église de Engern en westphalie, dessinée par J. D. Passavant.

Ce monument si remarquable doit probablement son origine à la translation des ossemens du grand prince saxon
Wittekind, où on avait dabord porté son corps, dans l'église
de Engern consacrée à St. Denis, qu'il avait fondée dans
l'ex-comté de Ravensburg. D'après l'art qui règne dans son
exécution, il est évident qu'il a été terminé au plutôt à la fin
du XIᵐᵉ ou au commencement du XIIᵐᵉ siècle, temps au quel
appartient la partie la plus ancienne de l'église, du choeur et
des parties latérales où se trouve le sépulcre. Le tombeau
de 7 pieds de long, 2 de large et 2½ de haut, avec le portrait
de Wittekind, repose maintenant sur un sarcophage en bois,
orné de trophées et de petits pilastres, du XVIᵐᵉ siècle.

Au mur derrière la tête, se trouve un blason divisé en
deux avec un demi aigle et sept lys d'or sur champ d'azur,
apparemment les armes de Charlemagne, et aux pieds, un écusson avec un lion jaune à deux queues sur champ de gueule,
qu'on prend pour les armes de Bohème. Au XIVᵐᵉ, XVᵐᵉ et
XVIᵐᵉ siècle, on ajoutait souvent cette décoration héraldique
aux anciens monumens, qui remontaient encore à un temps où
les armoiries étaient inconnues. L'usage des armoiries en
Allemagne, ne va pa plus haut que la deuxième moitié du

*Grabstein Wittekinds aus dem XI. Jahrh.*

*† 807.*

**XIIᵐ siècle.** L'empereur Charles IV. visita le tombeau de Wittekind en l'année 1377. Il est probable, que c'est vers ce temps que les blasons y ont été ajoutés. Les raisons pour lesquelles la statue de Wittekind et son costume sont attribués au temps de la fin du XIᵐ siècle, sont les suivantes: 1. leur conformité avec plusieurs monumens de cette époque, par exemple: avec les sculptures; spécialement avec la descente de croix aux pierres d'Exter (Externsteinen), près Detmold, d'une exécution particulière quoiqu'en même temps brute; avec la coiffure de la statue en bronze de l'anti-césar Rudolphe de Souabe de l'année 1080 à Mersebourg; en outre la proportion très allongée de la figure, comme elles s'offrent de la manière la plus frappante, en France au XIIᵐ siècle; enfin le jet particulier de la chevelure et la forme architecturale de la niche, aux cotés de laquelle se trouvaient vraisemblablement autrefois de petites colonnes à demi saillantes pour soutenir la saillie supérieure, mais qui manquent maintenant. L'inscription qui se trouve sur le monument, peut aussi provenir d'une époque beaucoup plus réculée.

Voici la teneur des paroles:

Ossa viri fortis, cujus sors nescia mortis.
Iste locus, euge bone spiritus audit.
Omnis mundatur, hunc regem qui veneratur.
Agris his morbis coeli rex salvat et orbis.

Notre statue grossièrement exécutée en pierre de grès a encore presque tout son enduit de vieilles couleurs, seulement l'or sur un fond de bol est presque totalement gratté, et les pierres fines, qui autrefois y étaient enchassées, sont arrachées. Les prunelles offrent à présent des trous profonds; ce qui laisse présumer, qu'ils furent une fois revêtus de pierres foncées. Les vêtemens de dessous sont rouge cinabre, le manteau violet avec un changeant bleuâtre (la pourpre du moyen âge, et encore maintenant en Angleterre et dans l'a-

1. 12

mérique du Nord) et des coquilles tissues de jaune orné de rouge; les galons du vêtement étaient garnis de perles et de pierres fines, de même que le bonnet bleu. Les bas et les souliers semblent maintenant rouge laque foncée, tissus avec de l'or; cependant un témoin oculaire de l'année 1679 rapporte que les derniers étaient tout or et garnis de perles. Le sceptre est aussi d'or. Le coussin sur le quel se tient la figure est vert, avec des raies rouges et des points rouges et jaunes.

PLANCHE 30. Evangélistes dans le costume du XI<sup>me</sup> siècle, dessiné par J. Neustück.

Les deux évangélistes de pierre de grès rouge se trouvent au portail St. Gall de la Cathédrale de Bâle. Ils appartiennent à la restauration de l'ancienne partie du dôme que l'empereur Henry II. ordonna en cette ville l'an 1010; en 1019 le Dôme fut consacré en sa présence. Le costume des évangélistes est d'après le type bysantin, adopté comme il a été introduit en Allemagne du temps des Otto. Les draperies sont d'après leur coupe et leur jet, encore antiques; mais à la manière bysantine, ornée de riches garnitures. Les raies paralelles qu'on rencontre partout ne sont autre chose que l'indication d'une ébauche de plis travaillés sans intelligence.

Frauentracht aus dem XIII. Jahre.

# Explication des Planches.

**PLANCHE 31.**   Costume de femme du IX<sup>me</sup> siècle, dessiné par *l'Auteur*, d'après un Évangéliaire de l'époque carolingienne qui se trouve à la Bibliothèque grand-ducale de
Darmstadt.

En comparant cette figure avec celle de la treizième
planche de cette section, nous trouverons que ces deux figures, malgré leur grande ressemblance sous le rapport du caractère, du dessin et de l'exécution, offrent cependant de
notables différences que nous ferons remarquer brièvement.
Cette figure a sur l'autre l'avantage d'un *faire* plus savant;
les formes se dessinent presque correctement sous les draperies, ce qui arrive rarement à un tel degré dans les travaux
du IX<sup>me</sup> siècle.   La figure a la main levée comme pour bénir
à la manière de l'église grecque.   Le manteau, à la manière
romaine, couvre seulement l'épaule gauche, de sorte que le
bras droit est à découvert.   Puis, elle ne porte pas de souliers, mais simplement des sandales, ce qui fait croire que ces
deux espèces de chaussures n'étaient pas inusitées à cette
époque.   Le siège a un dossier, mais le panneau du dossier
est remplacé par un rideau, ainsi que cela arrive quelquefois
pour les trônes du IX<sup>me</sup> siècle.

Ces deux figures donnent une idée exacte de la manière
dont non seulement les impératrices, mais en général les femmes de qualité s'habillaient alors dans tous les pays chrétiens,

I.                                                               **13** par ce que la différence était dans les prix des étoffes et dans la parure plutôt que dans la coupe des habits, ainsi qu'une attention et une comparaison soignées le prouvent suffisamment.

Le présent portrait a la même entourage circulaire en forme de mosaïque, que celui de la treizième planche, conjointement avec quelques autres ornemens dans le style byzantin.

Les couleurs sont distribuées de la manière suivante: le manteau est violet, les lumières y sont indiquées par des lignes blanches, et les ombres par des lignes violet foncé; sur le devant, on y remarque une bordure brune encadrée de lignes blanches. La robe est bleu clair; les lumières se composent de traits blancs, les ombres de traits bleu foncé; en bas, on voit, de deux côtés, des bords perpendiculaires. La doublure qui apparait en bas et à la courte manche large, et les étoiles suspendues à cette dernière, et qui représentent probablement de l'argent, sont blanches; la manche plate de dessous est vermillonne. Le livre qu'elle tient de la main gauche, est or, argenté sur tranche, le nimbe autour de la tête en or. La partie inférieure du trône est d'un rouge sombre; la bordure horizontale d'en haut et d'en bas est argent, la bordure verticale des deux côtés or, les deux colonnes du dossier sont également or, les pommes qui les surmontent, argent, les ornemens d'en haut découpés en arc ou en pointe, or, les demi-lunes qu'on y voit, argent bordé de vermillon; le compartiment triangulaire d'en haut est d'un rouge sombre. Les rideaux, ainsi que le visage, sont légèrement rougeâtres avec une teinte verdâtre, le fond de derrière est d'un vert sombre. Le marchepied est blanc bordé d'or. Le coussin supérieur est vermillon; il a une bordure violette avec des ornemens d'or; le coussin inférieur est violet et décoré d'ornemens dentelés en or.

Diacre d. l. IX<sup>e</sup> siècle.

**PLANCHE 32.** Un prêtre du IX⁰ siècle, dessiné par *l'Auteur*, d'après un Evangéliaire de l'époque carolingienne qui fait partie de la Bibliothèque grand-ducale à Darmstadt.

Cette figure est debout sous le plein-cintre d'une architecture byzantine qui entoure tout le portrait; elle présente le livre à Saint-Pierre, assis devant elle sur un trône. La chasuble *(planeta)* n'est pas encore découpée des deux côtés, comme cela se voit seulement au XVI⁰ siècle, mais elle descend sur les deux bras. Elle est vert foncé, largement bordée en bas et doublée en vermillon; autour du cou et sur le devant, elle est garni d'une large bordure en or. Au-dessous de la chasuble, le prêtre porte l'aube d'une couleur verte, tirant sur le bleu clair, et doublée en violet. Nous voyons pendre par-dessus à trois cordons l'étole décorée de lignes et de points d'or; les carrés plus larges sont or et bordés tout autour de raies vermillonnes; de petites boules d'or sont suspendues en bas à des bandelettes d'or. Le *manipulum*, qui pend du côté gauche, est de la même espèce et de la même couleur. Le livre est or. argenté sur tranche, et bordé de lignes vermillonnes. L'arcade qui surmonte l'entre-colonnement où la figure se trouve placée, est composée de différens compartimens en or et en argent, bordés également de lignes vermillonnes.

**PLANCHE 33.** Costume guerrier du XI⁰ siècle, dessiné par *l'Auteur*.

Le guerrier qu'on voit à gauche, est emprunté à un Evangéliaire qui a appartenu à l'empereur Henri II. et qui se trouve actuellement à la Bibliothèque de Bamberg. Il est représenté au-milieu d'une grande lettre initiale richement composée, sous les traits de Goliath vis-à-vis du petit David. La peinture est d'une exécution très soignée et offre déjà des ombres traitées avec une certaine précision, ce qui est rare à cette époque.

1.                                                                13 *

Le guerrier à droite est reproduit d'après un fragment d'une peinture sur parchemin, qui date de la même époque et qui appartient à l'Auteur. Tous les deux portent des armures composées, selon la mode du XI<sup>me</sup> siècle, de petites plaques de fer cousues sur un habillement de cuir, de drap ou de toile. Le heaume ou le bassinet réuni au collier de mailles de celui à gauche est légèrement aplati sur le haut, ainsi que cela se voit fréquemment à cette époque et encore plus tard (v. les planches 3, 4 et 16 de cette Section), tandis que le casque de l'autre guerrier est arrondi par en haut et garni de pierres en guise de distinction pour un homme de qualité Tous les deux portent de grands boucliers suspendus à un baudrier autour du cou. Larges par en haut pointus par en bas, ces écus sont en bois et peints, comme ceux du plus ancien temps, et comme, à quelques modifications près ils se sont conservés jusqu'au XV<sup>me</sup> siècle, surtout parmi les combattants à pied. (V. Planches 3 et 12 de cette Section.) Les épées et particulièrement les ceinturons d'épée qu'on voit ici, étaient un usage depuis le commencement du onzième siècle jusqu'au quatorzième, les derniers en cuir blanc et noués sur le devant. Nous en donnerons bientôt une reproduction plus détaillée d'après nature. Les découpures circulaires de l'armure qui se voient sur les mollets et sur les plantes des pieds et qui se rencontrent souvent à cette époque, sont assez curieuses.

Les couleurs sont distribuées de la manière suivante: Les armures des deux figures sont couleur de fer, les découpures aux jambes vermillonnes, les ceinturons d'épée blancs, les fourreaux noirs, les poignées couleur de fer, les poignées de lances blanches. Le heaume de celui à gauche est bleu, la monture et le nasal sont en or, le mince ceinturon au-milieu du corps est vermillon; le bouclier rouge foncé intérieurement et rouge clair au bord, a une poignée brune attachée avec des

Kriegstracht a. d. 11ten Jahrh.

Inful Otto des Heiligen ?. 1039

carrés verts, et un baudrier vermillon; les bandes de fer autour des genoux sont brunes. — Le casque de celui à droite est
couleur de fer, la garniture qui l'entoure et qui protège le
nez, est en or et ornée sur le devant de pierres bleues; l'écu
est vermillon et décoré d'ornemens blancs, d'un bord vert et
d'un baudrier vert.

**PLANCHE 34.** La mitre de Saint Othon I. († 1139),
dessinée par *l'Auteur*, d'après la mitre originale conservée à
la cathédrale de Bamberg.

Saint Othon parvint à la dignité épiscopale de Bamberg en
1103. Animé d'un zèle religieux tout particulier, il employa
et sa fortune privée et les biens publics de l'évêché à la fondation d'établissemens monastiques. Près de quatorze mo-
nastères furent soit fondés, soit consacrés par lui. Il fit aussi
reconstruire le dôme incendié de Bamberg dans la forme que
nous lui voyons aujourd'hui. Il coopéra puissamment à la con-
version des payens de la Pologne et de la Pomméranie. Il
mourut en 1139 et fut enterré au couvent de la Montagne
Saint Michel à Bamberg, où, outre un mausolée plus moderne,
on trouve encore sa tombe primitive avec son portrait. On
voit ici que les mitres de cette époque étaient encore assez
basses; plus tard elles deviennent de plus en plus élevées,
jusqu'à ce qu'au XVIᵐᵉ siècle elles atteignent cette hauteur
qu'elles ont encore actuellement. Posée sur la tête, la mitre
se divise de manière qu'elle se dresse perpendiculairement par
derrière et par devant. A l'intérieur, entre les pointes, se
trouve une garniture avec des ornemens byzantins cousus sur
la doublure, et que nous reproduirons ultérieurement en même
temps que d'autres ornemens de ce siècle. La large garniture,
qui part de la pointe et descend verticalement par derrière et
par devant, se compose d'une étoffe de soie rouge, ainsi que

la garniture transversale qui entoure la mître; la bordure de
ces garnitures et les grands et les petits ronds, qui se voient
dessus, sont formés par des fils blancs, sur lesquels se trouvent deux rangs de perles blanches. Malheureusement ces
perles sont déjà presque toutes arrachées. Les petits ronds
sont remplis de perles bleues. Au-milieu des grands ronds,
ainsi que dans les espaces angulaires, se trouvent des ornemens du style byzantin brodés d'or sur un fond rouge. Un
fragment de ces garnitures a été reproduit en bas dans sa
grandeur originale.

En haut et en bas la mître est garnie d'un petit ruban dentelé
rouge et or. Sur les deux côtés de la mître se trouvait autrefois une agrafe ronde que nous avons restaurée d'après les
vestiges qui en existent encore.

Les rubans, qui pendent par derrière, sont intérieurement
de soie verte, ainsi que la doublure de la mître; du côté extérieur ou postérieur ils étaient probablement brodés; mais
cela ne se voit plus.

Chacun de ces rubans est garni par en bas de cinq glands
de couleur rouge, blanche, noire ou jaune. La hauteur de
la mître est de neuf pouces, la largeur de onze pouces.

---

PLANCHE 35. Costumes de femme du XI<sup>me</sup> siècle.

La femme à gauche assise sur un trône et accompagnée de
deux serviteurs, qui sont debout devant elle, nous a été communiquée par *J. D. Passavant*, qui l'a empruntée à un manuscrit lombard conservé à la Bibliothèque de Milan, et dont il
a été question à l'occasion de la 19<sup>me</sup> planche de cette section.

La femme à droite a été dessinée par le comte *François
de Pocci* qui l'à tirée d'un manuscrit appartenant à la Bibliothèque du Couvent des Bénédictins de Saint Pierre à Salzbourg, et où elle figure comme la femme de Job

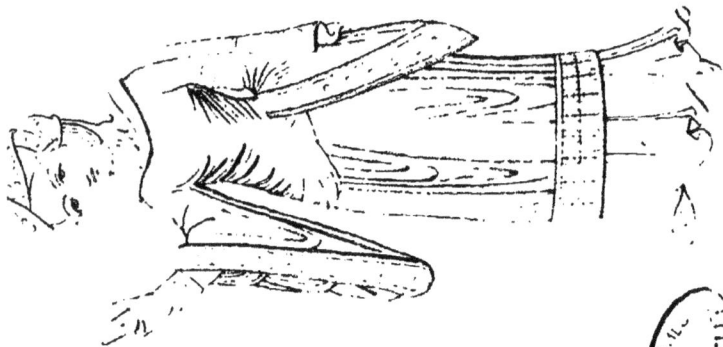

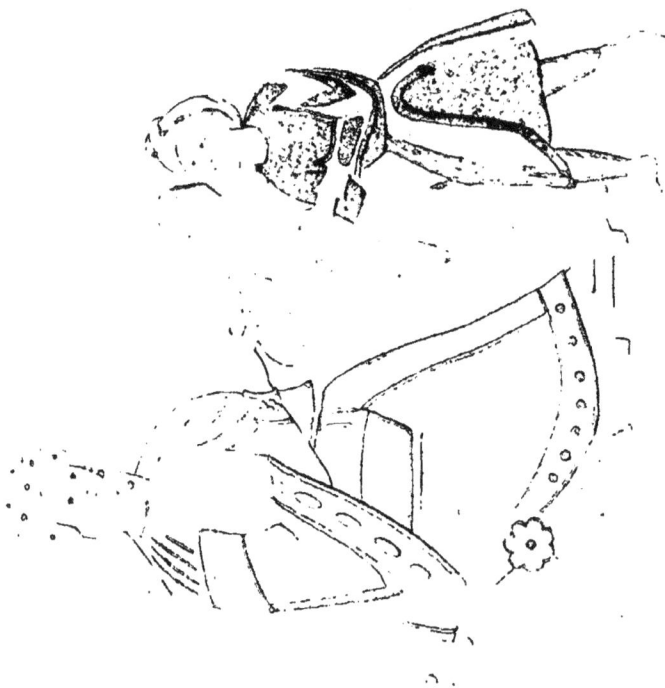

Dessin attribué à N.… Lépicié.

Quoique ces deux femmes aient été peintes à des endroits tout à fait différens, elles se ressemblent cependant beaucoup l'une à l'autre par rapport au costume. On peut en conclure que les modes des classes supérieures de l'occident chrétien étaient déjà alors, comme aujourd'hui, généralement les mêmes. Ce qui est caractéristique pour ces deux femmes du XI<sup>me</sup> siècle, c'est la coiffure, c'est-à-dire le riche voile noué autour de la tête en forme de turban, et qui enveloppe également le cou de la femme qui est debout et descend ensuite par derrière. Les manches de dessus très larges par en bas et rétrécies par en haut, sont aussi dignes de remarque. Le siège sur lequel est assise la princesse longobarde, est tout à fait de forme antique, les serviteurs qui se tiennent devant elle, ont un air sarrasin.

L'exécution est encore fort grossière, ainsi que le dessin. La figure assise se compose presqu' entièrement de traits alternativement jaunes et vermillons; le serviteur de devant porte un habit bleu à raies blanches, rouges et jaunes; son turban a des traits bleus et jaunes, sa chaussure des traits jaunes et rouges; la figure de derrière n'offre qu'un petit nombre de lignes jaunes et bleues. La robe de la femme, qui est debout, est indiquée par des contours vermillons; la coiffure et la jupe sont marquées en traits noirs.

**PLANCHE 36.** Costumes ecclésiastiques du XI<sup>me</sup> siècle.

L'évêque du milieu et le diacre à gauche ont été dessinés par le comte *François de Pocci*, d'après un missel sur parchemin appartenant à la Bibliothèque des Bénédictins de Saint Pierre à Salzbourg; l'évêque à droite a été copié par *l'Auteur*, d'après un missel sur parchemin, qui est la propriété de Mr. le professeur Schreiber à Fribourg en Brisgau. La mitre du costume épiscopal est surtout digne d'attention. — Dès le

VII<sup>e</sup> siècle, comme cela résulte de quelques relations contemporaines et même de quelques images de l'époque, les évêques portaient autour de la tête une espèce de mouchoir empesé. Mais jusqu'à la fin du X<sup>me</sup> siècle les évêques, quoique revêtus d'ailleurs de tous les ornements épiscopaux, sont aussi souvent représentés sans coiffure, comme on le voit, par exemple, dans une miniature française de 989, publiée par Willemin. Plus tard, aux XI<sup>me</sup> et XII<sup>me</sup> siècles, les manuscrits tant allemands que français et anglais montrent des images de mitres d'une forme pareille à celles dont sont coiffés les deux évêques que nous avons reproduits; elles sont quelquefois encore plus évasées, à la manière de la coiffure des grand-prêtres juifs, mais toujours de couleur blanche.

Les deux évêques, ainsi que le diacre, portent la longue jupe, appelée aube, et par-dessus la robe plus courte à manches, et qui n'est pas encore découpée des deux côtés, comme cela a lieu plus tard. Cette robe s'appelle *d'almatica*, nom qui, dit-on, lui est venu de la Dalmatie. Par-dessus la dalmatique les évêques portent la *casula* ou *planeta*, c'est-à-dire un manteau fermé tout autour et retombant sur les bras, manteau qui se transforma plus tard en chasuble. Par-dessus le manteau, on voit le *pallium*, ceinture en laine blanche parsemée de croix.

Les couleurs sont ainsi distribuées: l'aube du diacre est blanche, la dalmatique verte; la garniture d'en bas aux découpures cintrées et celle autour des manches sont vermillonnes, ainsi que les deux guirlandes qui sont dessus; le manipule est blanc, croisé d'or et frangé rouge; les souliers sont noirs.

La mitre de l'évêque du milieu est blanche, bordée d'or, le pallium blanc, parsemé de croix noires, bordé d'or et garni de glands rouges; la chasuble bleue, parsemée d'anneaux et de croix rouges; la dalmatique rouge, garni d'une guirlande noire et bordée en or; l'étole semblable au *pallium;* l'aube verte tirant sur le bleu, bordée de blanc à la manche.

L'évêque à droite ne se compose que de contours rouges et noirs, comme la femme de la planche précédente; le visage, les mains, la jupe et l'étole sont indiqués par des traits noirs, tout le reste par des traits vermillons.

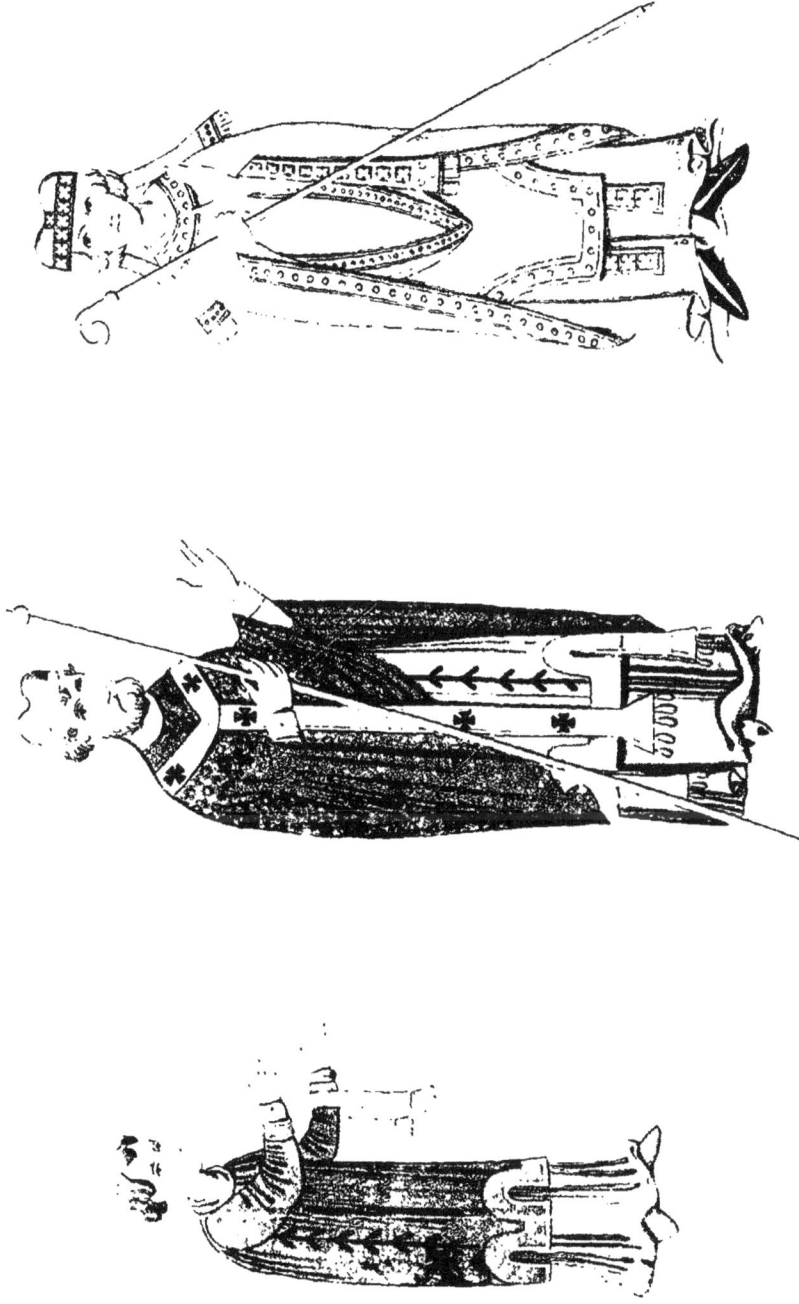

Carl der Kahle † 877

# Explication des Planches.

**PLANCHE 37.** Charles-le-Chauve (✝ 877) communiqué par *J. D. Passavant* et tiré d'un manuscrit de la Bible qui se trouve actuellement à l'église de Saint-Calixte à Rome (auparavant à l'église de Saint-Paul de la même ville), et à qui cette planche sert de titre.

Nous avons appelé cet empereur Charles-le-Chauve, quoique nous n'ignorions pas qu'on l'a pris jusqu'ici ordinairement pour Charlemagne. Il n'entre pas dans le plan de cet ouvrage d'engager à cet égard une discussion détaillée, parce que les ornements princiers pendant cette époque n'ont guère subi de changements. Nous nous en rapportons à l'autorité du docteur *Fr. Kugler*, qui, dans son ouvrage intitulé : *Histoire générale de l'art* (Stuttgart 1842. p. 390), adopte également Charles-le-Chauve.

L'original est à peu près un tiers plus grand et entièrement encadré d'ornements byzantins, dont la planche ci-après ne reproduit qu'un fragment. Immédiatement au-dessous des figures se lit sur un fond noir cette inscription en lettres d'or:

Rex coeli dominus solita pietate redundans
Hunc Carolum regem terrae dilexit herilem.
Tanti ergo officii ut compos valuisset haberi,
Tetrasti implevit virtutum quatuor almo.
Imminet hic capiti de vertico cuncta refundens.
Denique se primum, tunc omnia rite gubernat
Prudenter, juste, moderate, fortiter atque
Hinc inde angelico septus tutamine sacro,

Hostibus ut cunctis exultet pace repulsis.
Ad dextram armigeri praetendunt arma ministri,
Ecclesiam Christi invictus defensor in aevum
Armipotens magnis quis ornet saepe triumphis.
Nobilis ad laevam conjunx de more venustat,
Qua insignis proles in regnum rite paretur.

Ces vers nous apprennent d'abord que les figures de femmes qu'on voit au-dessus de la tête de Charles, représentent les quatre vertus, savoir: la Prudence, la Justice, la Modération et la Force; deux anges se tiennent debout des deux côtés de ces figures; à la droite de l'empereur se trouvent deux écuyers, à gauche son épouse, probablement Richildis, avec une autre dame.

Quant au costume et à l'équipement, nous ferons observer qu'ils ressemblent encore à l'antique. Le bouclier de forme ovale par en haut, est pareil aux boucliers gallois nattés de branches d'osier et recouverts de cuir, aux bords peut-être garnis de fer et au milieu avec un ombilic du même métal. Au moins c'est ainsi que nous apparaissent les boucliers d'une statue en pierre d'exécution romaine, découverte en 1834 à Montdragon dans le midi de la France.

Les couleurs sont ainsi distribuées: La couronne d'or à pierres bleues et vertes est intérieurement doublée en rouge; le manteau est rouge tirant sur le violet; les lumières y sont rehaussés d'or; la bordure tout autour est d'or avec des pierres alternativement bleues et vertes. L'agrafe placée sur l'épaule gauche et dont une partie est dressée en l'air par la faute du dessinateur, est or avec deux pierres anguleuses et une pierre ronde au-milieu; l'habit de dessous est bleu et garni d'ornements d'or et d'une bordure en or sur laquelle se voient des pierres vertes; les chausses sont vermillons et entourés de lacets d'or; les souliers sont or. Le coussin sur lequel il est assis, est d'un rouge clair. Les ornements architectoniques

Kamm der h. Hildegarde + 1179

du trône sont d'or et garnis de pierres bleues et vertes. La draperie est blanche et parsemée de croix rouges. Le disque qu'il tient sur les genoux, est d'or et porte des lettres rouges que Pertz, dans ses *Monumenta Merovingorum historica*, déchiffre ainsi : *Hic Carolus rex magnus*.

L'écuyer placé le plus près porte un manteau bleu clair à agrafe d'or, un habit de dessous rouge clair, des chausses blanchâtres et des bottes rouges ; l'écuyer d'à côté porte un manteau rouge de cinabre, un habit de dessous vert clair, des chausses blanchâtres, des souliers rouges de cinabre, une lance d'or, un bouclier rouge à monture d'or et à rayons d'or, et une épée blanche à garnitures d'or.

La dame à gauche du trône porte un voile blanc orné d'or et retombant des deux côtés et jusqu'au-dessus du milieu du corps ; la robe rouge de cinabre est parsemée de lumières d'or et bordée d'or tout autour ; les manches courtes laissent voir d'abord des manches blanches larges, ensuite des manches blanches plates, garnies d'or aux poignets. La dame placée derrière porte un voile bleu clair rabattu ; la robe rouge claire est garnie d'ornements bleues et bordée en or tout autour. La chaussure des deux dames est or.

---

PLANCHE 38. Le peigne de Sainte-Hildegardis, dessinée par *Georges Wittemann* d'après l'original conservé autrefois au couvent d'Elbingen, et qui est maintenant la propriété des héritiers de la dernière abbesse. Le dessin reproduit la grandeur originale.

Sainte-Hildegardis était la fille d'Hildebert de Beckelheim, homme lige du comte de Sponheim. Très jeune, elle entra au couvent de Deubodenberg, fondé peu de temps auparavant par Jutta, comtesse de Sponheim, qui en devint la

première abbesse. Après la mort de Jutta, Hildegardis lui
succéda comme abbesse. Avec l'autorisation de l'abbé de
Sponheim, sous les ordres duquel était le couvent de femmes,
elle se rendit quelques années après avec les religieuses de
son couvent à Bingen et fonda le monastère du Ruppertsberg.
Dès le commencement du règne de Frédéric Barberousse, la
renommée de sa dévotion et de son esprit prophétique était
tellement répandue que cet empereur vint lui demander con-
seil et instruction. Elle mourut en 1179, âgée de quatre-
vingt deux ans.

Le couvent du Ruppertsberg ayant été détruit pendant
la guerre de trente ans, les religieuses furent transférées à
Eibingen par l'archevêque de Mayence. Ce couvent, situé
près de Rudesheim et fondé en 1148 par Berthe de Rudesheim à l'instigation de Sainte-Hildegardis, se trouvait sous
la juridiction ecclésiastique de l'abbesse du Ruppertsberg.
Jusqu'à l'époque de la suppression du couvent d'Eibingen qui
date de nos jours, son abbesse s'intitulait toujours abbesse du
Ruppertsberg et d'Eibingen. Avec le peigne on conserve
encore un manuscrit probablement contemporain, des visions
de Sainte-Hildegardis, écrit en langue latine par son confesseur; à l'époque de la suppression du couvent, ce manuscrit
fut transporté à Wiesbaden et est maintenant l'ornement principal de la bibliothèque de cette ville.

Le peigne en ivoire est beaucoup plus ancien que Sainte-
Hildegardis; il est encore tout-à-fait antique et date probablement du cinquième ou du sixième siècle; il présente d'un
côté trois guerriers complètement armés à la romaine, et de
l'autre côté deux quadriges reproduits en bas. Immédiatement
auprès, nous avons reproduit le peigne vu de profil. Plusieurs
peignes de forme pareille, mais ornés d'autres sujets, se sont
conservés depuis les premiers temps du moyen-âge jusqu'à

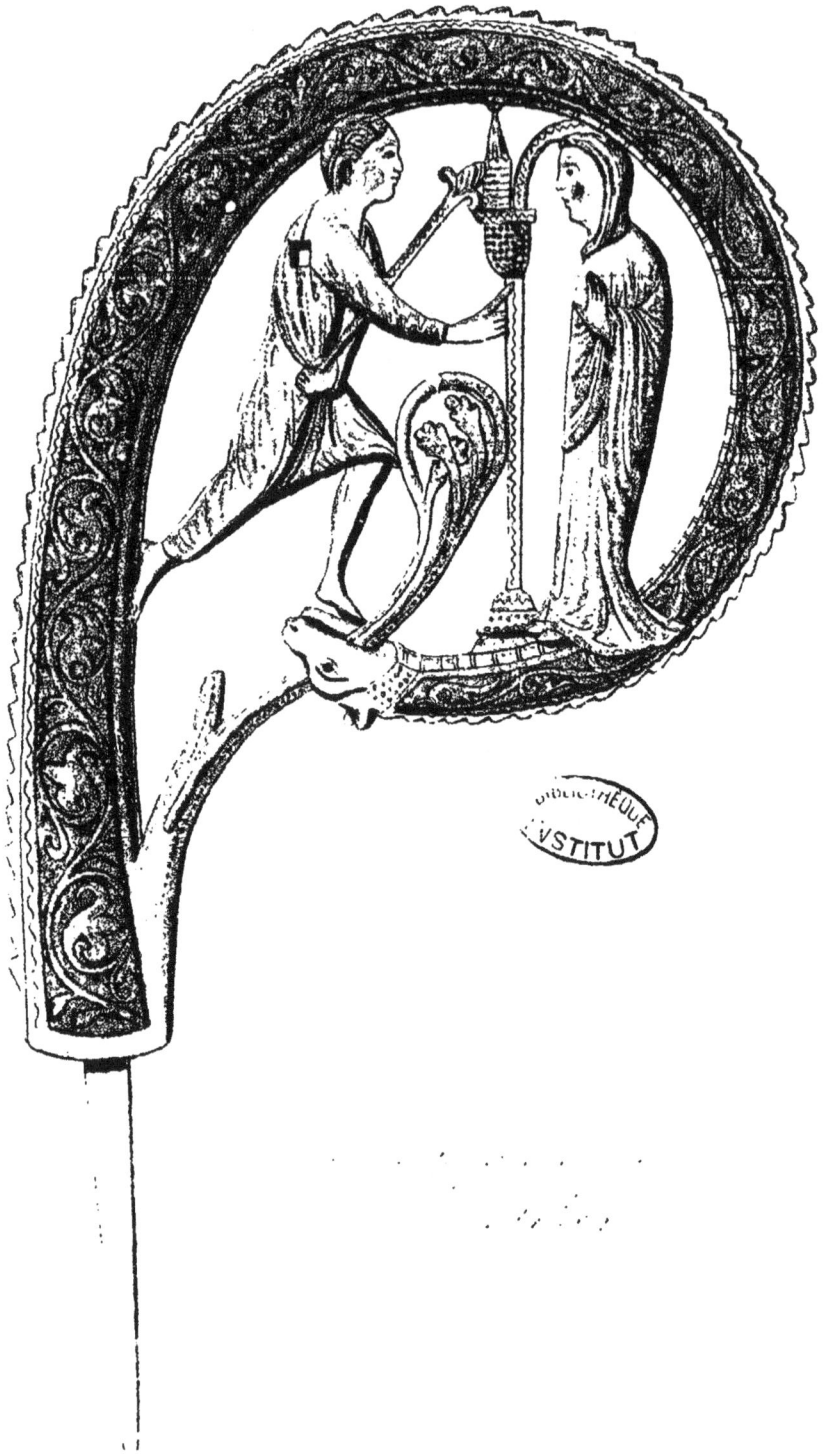

nos jours, par exemple, celui de Sainte-Cunigonde à Bamberg, et celui qui, à ce qu'on dit, a été donné par Charlemagne au dôme d'Osnabruck, et sur lequel est représenté Jésus-Christ au-moment, où il remet les livres saints aux apôtres Saint-Pierre et Saint-Paul. Des peignes de cette espèce formaient jusqu'au XVII⁰ siècle un ornement des tables à toilette.

---

**PLANCHE 39.** Crosse du XI⁰ siècle, reproduite en grandeur originale et dessinée par *l'éditeur* d'après l'original conservé à la cathédrale de Bamberg.

Nous avons déjà vu une crosse pareille Planche 8 de cette Division; on y apercevait encore la pomme qui manque ici; mais il est à présumer qu'elle ressemblait à celle-là.

Quoique les figures, sous le rapport de la forme et du dessin, soient traitées ici d'une manière aussi grossière et aussi raide que dans la plupart des ouvrages de cette époque, la composition cependant est agréable et convenable, et offre une belle allégorie qui se rapporte à la religion chrétienne. La courbure, figure un serpent qui mord dans l'arbre du péché placé au-milieu.

La Vierge Marie foule aux pieds le serpent et est debout sous le porche de l'église représentée par un cintre surmonté d'un petit clocheton. L'ange du Seigneur vient au-devant d'elle, de sorte que l'ensemble représente l'Annonciation. — Les ailes de l'ange ont été brisées; on voit encore les trous qui servaient à les attacher. Le travail entier est en bronze et doré; le fond des arabesques tracées sur la courbure, est bleu, et celui d'entre les branches de l'arbre émaillé en vert.

**PLANCHE 40.** Costumes du XIII<sup>me</sup> siècle, dessinés par *l'éditeur* d'après des dessins à la plume coloriés faisant partie du soi-disant „Welsche Gast" (Hôte italien), manuscrit de Thomasin de Zerclaire, qui se trouve à la Bibliothèque de Heidelberg.

Ce manuscrit contient un poëme en dix chants qui appartient au nombre des poëmes didactiques et moraux les plus remarquables et les plus célèbres du treizième siècle. Son auteur est Thomasin de Zerclaire, proprement dit *Thomasino della Chiara*, natif du Frioul; il avait déjà fait auparavant un poëme en langue italienne sur la vie et les moeurs de cour; le poëme suivant en langue allemande fut composée de **1215** à **1216** et dédié à la nation allemande sous le titre du „Welsche Gast" (Hôte italien).

Quoique les dessins de cet ouvrage soient encore fort grossiers, ils fournissent néanmoins des pièces à l'appui, des documents précieux sur les costumes de ce siècle, et instructifs par leur confrontation et leur accord avec d'autres manuscrits contemporains. Il est à remarquer que le mi-parti, qui, suivant Planche **42** de cette Division, se montre déjà au onzième siècle, se rencontre fréquemment dans les manuscrits que nous avons mis à profit pour cette Planche et pour la Planche suivante.

Le premier tableau en haut à gauche représente symboliquement le poëte qui recommande son poëme à la nation allemande représentée par la femme assise sous la porte-cochère; derrière cette femme se trouve son cheval de voyage; par une maladresse de dessin, l'arbre du fond paraît se trouver sur la selle du cheval. Les inscriptions contiennent ce qui suit: sur la porte-cochère au-dessus de la femme se lit: „langue allemande;" et sur la banderolle qu'elle tient à la main, on lit: „Soyez confiant."

Trachten aus dem 13. Jahrh.

Le tableau suivant fait partie d'une représentation allé-
gorique des sept arts; on ne voit ici que l'éloquence; l'homme
est Tullie (Cicéron), la femme est la Rhétorique qui lui remet le bouclier et l'épée; au-dessus on lit: *age, defende*. Le
tableau suivant représente les plaisirs de chasse d'un homme
avide de terres et d'honneurs. Il abat l'ours de sa propre
main: mais bientôt seigneurie et gens s'en vont comme à travers un tamis. Le gardien reste seul et abandonné. Sur la
banderolle au-dessus des chiens on lit cette inscription:
„Faut-il vous aider?“ et sur la banderolle en face des chasseurs se lisent ces paroles: „Laissez-moi l'abattre.“

Le tableau suivant nous montre un médecin d'abord au
chevet du malade, ensuite au moment où il pique et opère le
malade attaché à un poteau. C'est une allégorie. Le médecin
est Dieu; l'homme doit accepter et supporter volontiers les
joies et les souffrances qu'il envoie. L'inscription sur la
banderolle porte ces mots: „Le sommeil vous est malsain.“

La lutte de la vertu avec le vice est représentée en bas.
Sur la banderolle de la vertu à gauche se lit: „Prenez le
cheval et fuyez;“ et sur la banderolle du vice: „Fuyez,
vous êtes mort.“

Les couleurs sont disposées ainsi; le manteau de la femme
sous la porte-cochère est bleu, la robe blanche; l'habit du
poëte est rouge. — La Rhétorique porte une robe verte;
Tullie est vêtue d'un habit rouge; le bouclier à carreaux
blancs et rouges. — Un des chasseurs porte un habit vert et
des chausses rouges, l'autre un habit bleu; quant à l'habit du
gardien, la moitié droite est rouge, la moitié gauche verte.

Le médecin au chevet du malade porte un manteau vert,
un habit moitié blanc, moitié bleu, une calotte blanche; le
malade a un oreiller vert et une couverture rouge; le médecin muni du scalpel porte un habit moitié blanc, moitié bleu,

une calotte verte et des souliers rouges. — La vertu porte
une robe verte, le vice un habillement rouge; les deux combattants sont vêtus de frocs; celui à droite porte un bassinet
vert avec une bordure rouge, et un bouclier vert avec une
bordure blanche; le bouclier de l'autre combattant intérieurement blanc a une bordure rouge et un cordon rouge. — Tout
ce que nous n'avons pas énuméré, est laissé en blanc.

**PLANCHE 41.** Costumes du XIII<sup>me</sup> siècle, dessinés par
*François de Sensburg* d'après des dessins à la plume coloriés
faisant partie d'un manuscrit du code de droit saxon qui se
trouve à la Bibliothèque de Heidelberg.

Le Code de droit saxon (Sachsenspiegel), écrit en bas
allemand à peu près de **1215** à **1218** par Eike Repgow, chevalier saxon, contient les droits provinciaux et municipaux de
cette époque. Les dessins sont encore fort grossiers, comme
en général tous ceux qu'on trouve dans les manuscrits d'alors,
et qui avaient pour but de rendre le fond du livre plus sensible
aux lecteurs.

Le tableau supérieur représente une investiture. L'empereur investit à sa droite un évêque du sceptre, à sa gauche un
chevalier du drapeau.

Le tableau inférieur représente le tribunal laique et le tribunal ecclésiastique, comment ils doivent être unis. Le tribunal laique est représenté par l'empereur avec le glaive, le
tribunal ecclésiastique par le pape avec la crosse; tous les
deux se tiennent embrassés sur un trône. La couronne papale (?) qui doit probablement avoir une forme conique, a ici
la forme d'un angle oblique à cause de la grossièreté du dessin. En bas à gauche, on voit un guerrier; à droite se trouve
un vassal; tous les deux portent des habits de deux couleurs.

Trachten aus dem 13 Jahrh.

Trachten aus dem 11ten Jahrh.

Les couleurs sont distribuées ainsi: L'habit impérial est roussâtre en haut et garni de vert sur le devant; la chaussure est verte. L'évêque à la droite de l'empereur porte un habit jaune et une chaussure rouge; le chevalier à la gauche de l'empereur un habit rouge et une chaussure verte.

L'empereur en bas porte un habit rouge et une chaussure verte; le pape un manteau vert, un habit jaune et des souliers rouges.

Le guerrier en bas à gauche porte une cotte de mailles sans manches, dont la moitié gauche est verte et la moitié droite rouge; son vêtement de mailles est couleur de fer.

L'habit du vassal représenté de l'autre côté est rouge à droite et à raies rouges et blanches à gauche; son bouclier est jaune.

---

**PLANCHE 42.** Costumes du XIᵐᵉ siècle, dessinés par *l'éditeur* d'après un dessin à la plume colorié faisant partie d'un manuscrit conservé à la Bibliothèque de Bamberg, et qui contient la biographie de l'empereur Henri II. et de son épouse Cunégonde.

Le manuscrit raconte que l'épouse viriginale de Henri fut accusée d'un commerce criminel. Pour se purger de cette accusation et pour prouver son innocence, Cunégonde, selon la mode d'alors, fut condamnée à marcher sur des socs de charrue ardents. Après les avoir franchi saine et sauve, Henri se jeta à ses pieds et lui demanda pardon du soupçon.

La partie supérieure représente l'empereur rendant la justice et Cunégonde marchant sur les socs de charrue embrasés sous la conduite de deux évêques. Le glaive enveloppé, soutenu derrière l'empereur, annonce le tribunal. La partie inférieure montre l'empereur aux pieds de son

épouse; derrière lui deux évêques et des gens du peuple.
Voici la teneur des inscriptions:

Judicio vomerum Cunigundis virgo probatur.

Cetus (cœtus) ob hoc procerum mirans ipsam veneratur.

Quant à la robe de Cunégonde, nous ferons observer que
les manches n'ont pas encore cette largeur démesurée qu'elles
prennent au XII<sup>me</sup> siècle, et que présente un autre costume de
cette même impératrice, dont la planche suivante de cette
section offrira une reproduction.

Les couleurs sont généralement indiquées d'une manière
très arbitraire et pour la plupart seulement par des contours
et de hachures coloriés. Les habits sont généralement bordés
d'or. L'empereur porte un manteau vert et un habit rouge.
La robe de Cunégonde est blanche à dentelure jaune et à
points rouges. L'homme du peuple agenouillé sur le devant
porte un habit rouge du côté droit et vert du côté gauche, ce
qui prouve que le mi-parti est déjà en usage au XI<sup>me</sup> siècle.

Heinrich II. † 1024 u. Kunigunde † 1040.

# Explication des Planches.

**PLANCHE 48.** Henri II. († 1024) et Cunégonde († 1040), dessinés par *l'auteur*, d'après la première feuille du même manuscrit sur parchemin, dont il a été déjà fait mention à l'occasion de la planche précédente de cette division.

Le compartiment inférieur représente l'empereur Henri et son épouse Cunégonde, à moitié à genoux et soutenant le modèle de la cathédrale de Bamberg fondée par eux. Au milieu du compartiment supérieur paraît Jésus-Christ assis sur un trône, tenant de la main le livre des évangiles et entouré d'un arc-en-ciel *(mandorla)* en forme des anciens sceaux ecclésiastiques. Des deux côtés se tiennent debout Saint-Pierre et Saint-George, les deux patrons de la cathédrale de Bamberg. Tout à fait en bas, dans une lunette, on aperçoit la figure d'un moine à mi-corps, qui présente à l'empereur un livre. C'est l'auteur du manuscrit auquel nous avons emprunté les images reproduites sur cette planche. Ces images contribuent particulièrement à faire connaître d'une manière plus détaillée le costume impérial de cette époque, par ce que nous y trouvons l'empereur, non pas assis sur un trône, ainsi que cela a eu ordinairement lieu jusqu'ici, mais dans une

I.                                                                    16

attitude plus dégagée, et qui permet de voir encore le costume d'un autre côté. En comparant ces différents aspects sous lesquels se présente le costume impérial, on peut ainsi supplier à tout ce que l'imperfection de l'art d'alors a laissé douteux. Cunégonde porte une jupe de dessus très serrée et à manches plates qui s'élargissent sur le devant d'une manière extraordinaire. L'habillement de l'empereur, ainsi que celui de l'impératrice, est garni à plusieurs endroits de larges galons d'or, comme nous en trouvons généralement à tous les habits de cérémonie de cette époque. Saint-George porte un bonnet semblable au bonnet phrygien, et comme on en trouve aussi aux statues des deux Otton qui se voient à la cathédrale de Magdebourg. Les doges de Venise portaient également des bonnets de cette espèce.

Voici comment les couleurs sont distribuées pour l'empereur: la couronne est d'or, le manteau rouge et muni d'une agrafe d'or, l'habit de dessus vert et garni de galons d'or en bas sur la poitrine et tout le long sur le devant, l'habit de dessous bleu; les bas sont composés de rubans violets entrelacés, les souliers en or. Pour l'impératrice: la couronne est d'or, le voile bleu, la garniture autour du front et du cou rouge, la jupe de dessus violette et garni à beaucoup d'endroits de larges passements d'or, la jupe de dessous bleue, les souliers sont en or. Pour le moine: La robe est verte, garnie par en haut d'un collet rouge, l'habit de dessous à manches plates blanc. Pour la figure de Jésus-Christ: Le manteau est d'un rouge clair, l'habit bleu et garni de passements bleus autour du cou et des manches. Pour Saint-Pierre: le manteau est vert et doublé de bleu, l'habit rouge. Pour Saint-George: Le manteau rouge et bordé d'or, l'habit de dessus vert et garni de passements d'or, l'habit de dessous bleu, les bas sont rouges, les souliers bruns. L'encadrement arqué qui entoure

*Bildniss einer Königin des 13ten Jahrh.*

l'image du Christ, a les couleurs de l'arc-en-ciel. Les contours, les lignes et les points de tous les ornements d'or sont rouges. Le fond du tableau est d'or, les encadrements et les ornements qu'on voit autour, sont de différentes couleurs.

**PLANCHE 44.** Portrait d'un roi du XIII° siècle, communiqué par M. le conseiller gouvernemental et intendant supérieur des bâtiments *Zwirner*, d'après une peinture sur verre qui se voit sur un des vitraux du chœur de la cathédrale de Cologne. Les vitraux qui se trouvent des deux côtés, représentent les rois juifs, dont nous en avons reproduit un; le vitrail du milieu représente l'adoration des trois Rois-Mages.

Quoique le chœur avec ses vitraux n'ait été achevé qu'au quatorzième siècle, tout ce qu'on voit dans les miniatures et dans les autres tableaux du treizième siècle, nous autorise à supposer que ce costume royal ait été choisi tel qu'il avait été consacré et pour ainsi stéréotypé dans ce siècle, et comme il était encore employé pendant le siècle suivant à la représentation des rois de différentes époques et de différentes nations. Il a toutes les parties essentielles de l'habillement princier au treizième siècle, et la manière dont la draperie est jetée, n'est pas sans art. La forme de la couronne et celle du sceptre paraissent ici d'une manière particulièrement distincte. Le col simplement indiqué par des lignes, n'était composé que de petits morceaux de fourrure posés les uns sur les autres, comme on en trouve très fréquemment à cette époque aux habits royaux et aux autres habillements. Les couleurs sont reparties comme il suit: la couronne et le sceptre sont jaunes; le manteau est jaune; les passements dont il est garni, sont blancs et bordés de ganses rouges; les pierres qui y paraissent, sont tour à tour rouges et blanches; la doublure est blanche; l'habit est vert, le col en est blanc; les bas et les souliers sont jaunes, ces derniers à raies noires. L'encadrement architectonique qui entoure la figure, se compose en grande partie de colonnettes jaunes et rouges, le fond est bleu.

PLANCHE 45. Costumes du XII" siècle, dessinés par *l'auteur*, d'après des dessins à la plume d'un manuscrit sur parchemin qui contient le poème de Charlemagne et de ses héros par le prêtre Conrad, et qui se trouve actuellement à la bibliothèque de Heidelberg.

Ce poème composé entre 1173 et 1177, raconte comment Charlemagne, avec ses douze paladins, prend la résolution de convertir les païens en Espagne. Lorsque ceux-ci, qui ont pour roi Marsilie, entendent parler de ce projet, ils envoient un message et veulent se soumettre. Charlemagne accepte leur soumission et fait partir le duc Ganelon avec les messagers pour leur pays. En route, Ganelon ourdit avec eux une trahison contre Charlemagne. Quand Roland, neveu de l'empereur et investi de l'Espagne, y arrive avec ses gens, il est attaqué à l'improviste et massacré avec tous ses compagnons après une résistance héroïque. Avant de mourir, il sonne de son cor merveilleux que Charlemagne entend de loin; mais l'empereur arrive trop tard pour sauver son neveu. Une nouvelle armée de païens se rassemble, mais Charlemagne la défait complètement dans une terrible bataille. Le traître Ganelon est traîné par des chevaux sauvages.

Le tableau inférieur représente Ganelon au moment, où il négocie avec les messagers païens. Le costume des païens a beaucoup de ressemblance avec celui des Maures conservés dans les fresques de l'Alhambra. Dans la partie supérieure,

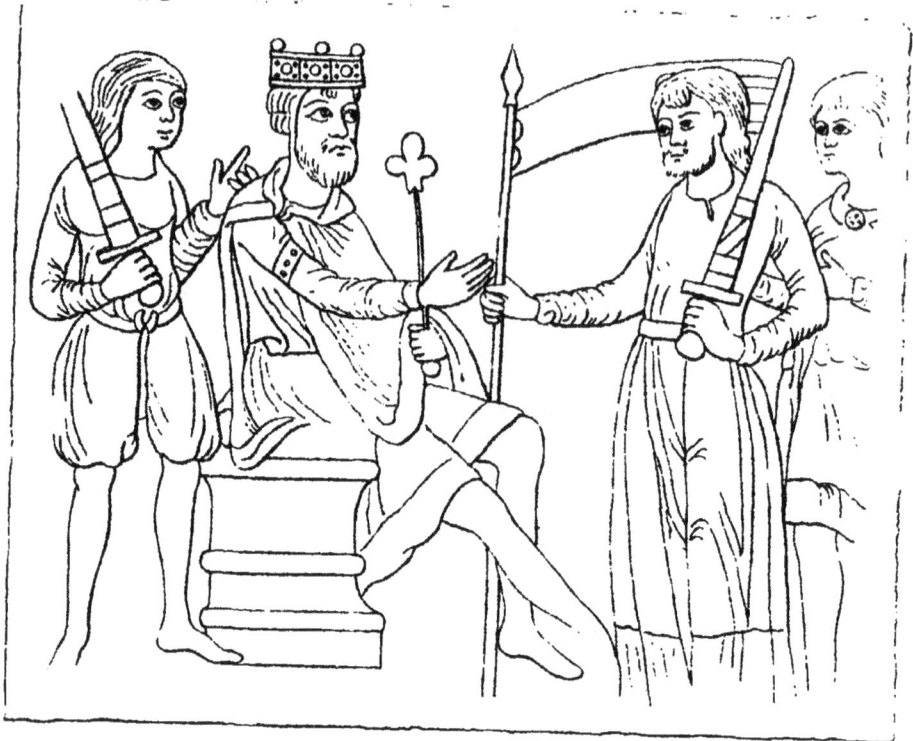

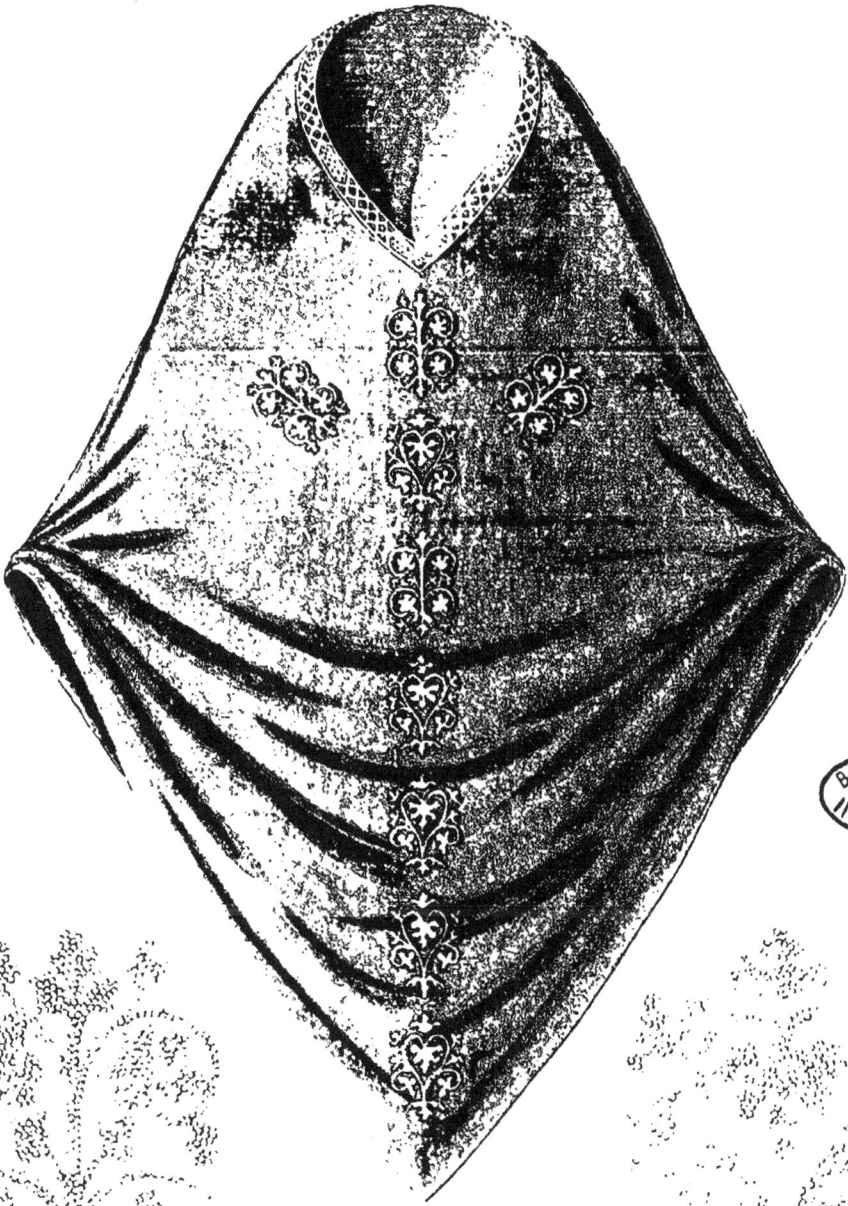

Chorgewand des h. Bernhardus † 1153.

on voit Charlemagne donnant à son neveu Roland l'investiture de l'Espagne avec l'étendard et l'épée.

Ces dessins à la plume sont particulièrement curieux, en ce qu'ils s'arrêtent souvent au-milieu, sans avoir aucune terminaison, suivant la mode des vignettes et des esquisses modernes.

**PLANCHE 46.** Chape de Saint-Bernard († 1153), dessinée par *l'auteur*, d'après la chape encore subsistante et conservée dans le trésor de la cathédrale d'Aix-la-Chapelle. Saint-Bernard, abbé de Clairvaux, pendant ses pérégrinations à travers l'Allemagne, vint à Aix-la-Chapelle, où il prêcha aussi et fit encore d'autres actes religieux, à l'occasion desquels il porta, dit-on, cette chape. La façon et le style des ornements prouvent encore que cette chape appartient réellement au XII ᵐᵉ siècle. Tandis qu'au XI ᵐᵉ siècle, ces sortes de chapes pendaient de tous les côtés d'une manière également longue (voyez la planche 12 de cette Division), elles commencèrent, au XII ᵐᵉ siècle, à se raccourcir de deux côtés, et à ne retomber que par devant et par derrière en forme pointue. Les ornements conçus dans le style byzantin, sont également conformes au goût de cette époque. On en trouve de deux sortes, qui se répètent dans un certain ordre sur la chape, mais dont chacune forme un tout particulier. Les deux espèces ont été reproduites des deux côtés sur une échelle plus grande; la hauteur originale est de six pouces. La même forme des ornements se retrouve sur le dos, seulement dans un ordre opposé, et avec deux de plus, à cause de la plus grande longueur du dos.

La chape est composée d'une lourde étoffe de soie d'un bleu foncé; les ornements sont brodés dessus avec de véritables perles blanches. La petite garniture qui fait le tour du cou, est tissue d'or, d'argent et de rouge, à en juger d'après les indices qu'on a pu encore reconnaître.

La longueur de la chape est telle, que les deux pointes descendent jusqu'à terre chez un homme qui a plus de six pieds.

PLANCHE 47. Moine de X** siècle, dessiné par *l'auteur*, et tiré du très intéressant évangiliaire, donné à la cathédrale d'Aix-la-Chapelle par l'empereur Otton III, et qui se trouve actuellement dans la possession de M. le chanoine *d'Orsbach*.

Le moine, nommé Lintharius, auteur de ce manuscrit sur parchemin, est debout sur la première feuille à gauche; il tient à la main le livre qu'il présente à l'empereur Otton III figuré sur la feuille opposée. Nous reproduirons cette feuille sur la planche suivante. L'époque du règne d'Otton III, ainsi que le caractère de l'écriture et celui des ornements, nous apprennent, que nous avons affaire ici à un moine du X** siècle. Il est vêtu d'un simple froc fendu des deux côtés et rattaché au-dessous des bras avec des agrafes. Les couleurs sont distribuées de la manière suivante: Le froc est d'un brun rougeâtre; l'habit de dessous à manches est blanc, les souliers sont noirs. Le bord extérieur de l'encadrement qui entoure le moine, est vert; la garniture se compose de rubans bleus et rouges entrelacés sur fond d'or; l'intérieur est bleu d'outre-mer et accompagné vers le bord de deux lignes blanches. L'écriture est en or sur un fond violet. Le fond de tout le tableau est sans couleur; l'encadrement extérieur est brun.

PLANCHE 48. L'empereur Otton III († 1002), dessiné par le peintre *Fr. Billotte*, est tiré de l'évangiliaire mentionné ci-dessus.

HOC AUGUSTE LIBRO:

LIBICOR DS INDUATO UO

QUEM DE LIUTHARIO TE

SUSCIPISSE MEMENTO

L'empereur Otton est assis sur le trône, tenant à la main le globe impérial, et entouré d'une *mandorla*. La main de Dieu au-dessus de lui annonce qu'il est un personnage sacré et qu'il est empereur par la grâce de Dieu. Les symboles des quatre évangélistes qui déroulent devant lui un rouleau de parchemin, semblent le désigner comme le patron de la religion chrétienne. Les deux personnages debout des deux côtés du trône, portant des couronnes sur la tête et des étendards à la main, sont sans doute des princes investis par l'empereur, et qui, par conséquent, le font connaître comme seigneur suzerain. Les guerriers qu'on voit en bas munis de boucliers de forme ovale et de lances, sont des hommes libres; les ecclésiastiques figurés à côté, sont des prêtres, ainsi que le prouve l'étole. De cette manière, les trois états, c'est-à-dire, les grands dignitaires, les hommes libres et les clercs, sont représentés autour du trône impérial. La figure de femme placée au-dessous du trône et empreinte d'une expression de furie, paraît être le symbole d'une vice vaincu, tel que la haine, l'envie, etc.

Les couleurs sont reparties comme il suit: pour l'empereur: le manteau de couleur de cinabre, l'habit d'un bleu clair, l'habillement des jambes et des pieds brun, la couronne d'or et garnie de perles blanches. Pour les deux figures auprès du trône: Le manteau de couleur de cinabre, l'habit d'un bleu clair, l'habillement des jambes brun, la chaussure d'un bleu clair, l'étendard rouge, la couronne pareille à celle de l'empereur. Pour les guerriers: le casque à cimier de couleur de fer, le manteau de couleur de cinabre. l'habit d'un bleu clair, l'habillement des jambes brun, la chaussure d'un bleu clair, les boucliers de couleur de fer. Pour les clercs: la chape rouge, l'aube d'un bleu clair, l'étole blanche à croix noires, les souliers noirs. La figure placée au-dessous du trône porte un

vêtement d'un bleu sombre. Les quatre symboles des évangélistes sont de différentes couleurs fantastiques; les ailes sont
rouges. Le fond de tout le tableau est d'or, encadré de lignes
blanches et de perles blanches; l'encadrement extérieur est
violet et bordé de brun.

Trachten a. d. 15 Jahrh.

# Explication des Planches.

**PLANCHE 49.** Costumes du XIIIme siècle — dessinés par Madame *Catherine Sattler,* d'après un Evangéliaire latin qui appartenait à M. le pasteur *Joachim Siegel* à Heimbuchenthal dans le Spessart. Il est sur parchemin fin, d'une écriture très soignée et enrichi de petites miniatures qui sont intercalées dans le texte. Quoique cette bible ne porte pas de date, cependant l'écriture, les costumes, l'exécution entière ne laissent pas douter qu'elle n'ait été faite au XIIIme siècle. L'or n'est pas employé dans les miniatures, mais il a été remplacé par du Minium ce qui arrive souvent dans ce siècle.

Le dessin que nous donnons représente les enfans de Noé. Il faut remarquer la coiffure de la femme dont la forme était alors particulièrement affectée aux femmes mariées, tandisque les jeunes filles portaient les cheveux flottans, ou ceints d'un cercle d'or ou d'une couronne de fleurs. Le costume de l'homme malgré sa simplicité ne manque pas d'intérêt, parceque cette époque ne nous les montre que vêtus de l'habit militaire ou des ornemens sacerdotaux. Les couleurs sont: pour l'homme, coiffure rouge minium, le surtout à larges manches bleu, la robe de dessous blanche, les manches étroites bordées de noir, les souliers noirs  La coiffure de la femme est blanche jusqu'au bonnet de dessous; celui-ci est jaune. La robe de dessus fendue est violette, bordée de vert au cou, celle de dessous jaune avec bordure verte aux manches.

---

**PLANCHE 50.** Costumes du X<sup>e</sup> siècle — dessinés par *l'éditeur* d'après un Psautier qui se trouve à la bibliothèque royale de Stuttgart.

Le manuscrit est grand in-quarto, avec dessins intercalés dans le texte. Ils appartiennent encore il est vrai, à un dégré de l'art très inférieur, mais ils reflètent fidèlement le caractère de l'epoque dans les costumes et le développement du gout. L'enluminure est excessivement grossière; cependant on y reconnait la réunion des couleurs dominantes préférées alors qui sont de rigueur pour le costume  Les vêtemens et les ustensiles portent encore une forte empreinte de l'antique et à ne juger que par là on serait facilement amené à assigner pour date à ce livre, le huitième ou tout au plus le neuvième siècle. Cependant l'écriture, le faire de la peinture, l'architecture et la composition font décider pour le dixième siècle. Nous voyons de nouveau par cet exemple combien il s'écoula de temps avant que le gout de l'antique disparût tout à fait du costume.

Comme ce manuscrit sur parchemin forme une de sources les plus riches et les plus influentes pour le développement de l'art, ainsi que pour les costumes, les usages et les ustensiles de cette époque dont il nous reste si peu de vestiges, nous en donnerons tous les dessins dans une série de planches de grandeur de l'original. De l'ensemble nous tirerons des conclusions importantes.

En haut à gauche et comme sujet du Psaume 72. Vers. 6. „Il (le Christ) viendra comme la pluie sur le regain et comme

la menue pluie sur l'herbe fauchée de la terre." l'Annonciation
de la Vierge.  Nous n'en avons près que Marie en costume
d'une femme de qualité de l'époque, et occupée à faire du fil.
Ses mains écartées indiquent l'étonnement que lui cause l'ap-
parition de l'ange. Ses cheveux sont enroulés avec des rubans
et ornés de trois pierres précieuses.

En haut à droite un couple royal, indication du Psaume 45,
Verset 9. „Des filles de rois sont entre tes dames d'honneur, la
fiancée est à ta droite parée d'or d'ophir." Il est étonnant de
voir ici déjà les chausses du roi faites de l'assemblage de
deux couleurs, ce qui se rencontre très fréquemment dans ce
manuscrit et nous indique jusqu'à quelle époque reculée il faut
remonter pour chercher l'origine du mi-parti, si à la mode, par
la suite. Un ornement aussi fréquent pour cette époque et notam-
ment dans ce manuscrit, adapté à différentes places du vêtement — ici sur le devant du manteau — est un large galon
suivi d'un plus étroit qui se termine en forme de disque.  Le
costume de la reine est simple, garni de galons et de pierreries,
tel qu'on le trouve encore au XI** siècle.

Au dessous une fille de roi avec sa suite, représentant le
Verset 15. du Psaume 45.  „Elle sera présentée au roi en
vêtemens de broderies, et les filles qui viennent après elle et
qui sont ses compagnes seront amenées vers toi."  La princesse a comme toutes les femmes dans ce livre, le manteau
attaché sur la poitrine avec une agrafe. L'homme entièrement
habillé à la Romaine, porte une lance et un bouclier Romains
également.  La suivante a la chevelure entourée de rubans
comme la figure du haut. L'architecture de la forteresse est de
style roman, déjà passablement caractérisé, les arceaux en
fer à cheval empruntés à l'Orient, méritent d'être remarqués.

Les couleurs sont: pour la Vierge Marie, les cheveux
noirs, les rubans blancs, la pierre du milieu verte, les deux

18*

autres rouge cinabre; le manteau blanc, la robe violette avec un galon rouge; les souliers noirs. Le coussin rouge avec ornemens blancs, le siège rouge et jaune. — Le couple royal porte la couronne jaune avec pierres rouges et vertes. Dans le manuscrit le jaune remplace l'or partout. Le manteau du roi est rouge, la tunique violette, les ornemens et galons jaunes pour tous deux; la jambe droite rouge devant, verte derrière; les mêmes couleurs en sens inverse pour la jambe gauche, les souliers jaunes. Le vêtement de la reine est violet, les galons rouges, les manches de dessous blanches, les souliers bruns. — La fille de roi, au bas; couronne comme en haut, manteau bleu, bordé de blanc, vêtement rouge à galons jaunes, souliers noirs. Le manteau du guerrier est rouge, la tunique bleue à galons jaunes, les jambes brunes, bottes bleues, bouclier et lance, couleur de fer. La chevelure de la suivante comme en haut, manteau bleu avec galon rouge; robe verte avec galon jaune; souliers noires. La forteresse est peinte de diverses couleurs comme l'étaient effectivement les édifices de cette époque.

PLANCHE 51. Guerriers du X<sup>me</sup> siècle — dessinés par *l'éditeur*, d'après le Psautier décrit à la planche 50.

Le haut du dessin représente Absalon poursuivant son père David, et se trouve en tête du 3 Psaume. Les casques sont romains, il faut remarquer cependant que deux ont la forme de bonnets phrygiens. Le guerrier avec un arc fait allusion au Psaume 18, Verset 35, le guerrier à cheval se rapporte au Verset 41. — V 35. „C'est lui qui a dressé mes mains au combat, tellement qu'un arc d'airain a été rompu avec mes bras." Vers. 41. „Tu as fait aussi que mes ennemis ont tourné le dos devant moi, et j'ai détruit ceux qui me haïssaient." Les deux guerriers portent l'armure romaine à écailles.

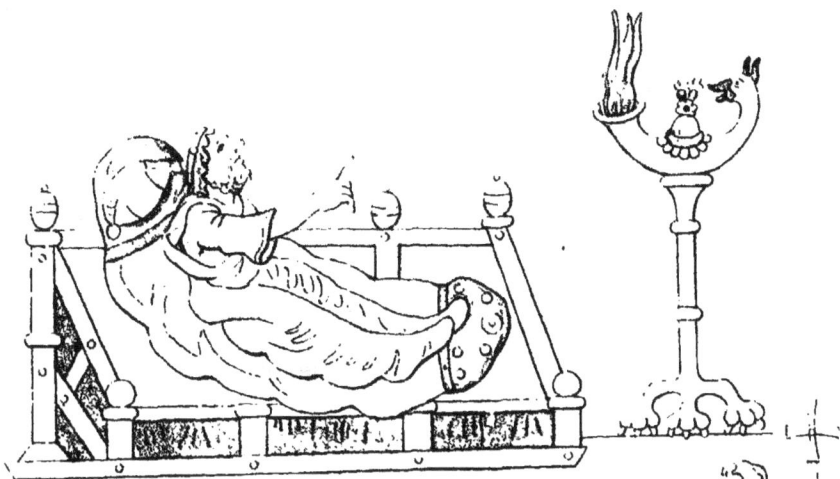

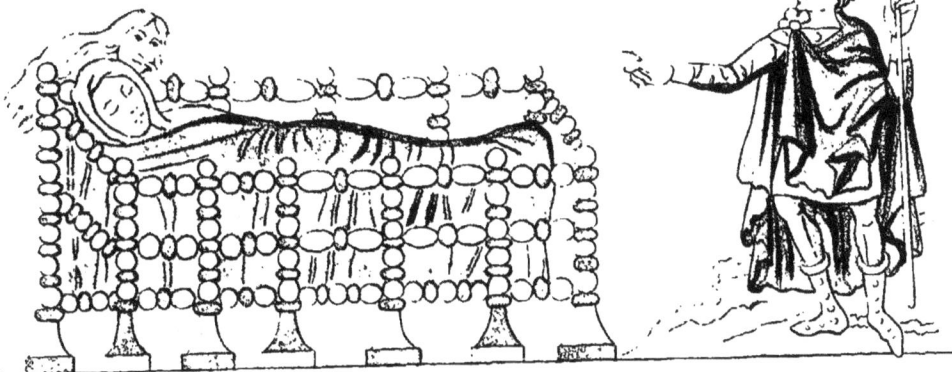

Trachten u. Hausgeräthen a. d. w. Jahrh.

Les couleurs sont: pour les guerriers du haut, casques,
lances et boucliers couleur de fer; manteau rouge avec galon
jaune au milieu; vêtement violet avec galon jaune, pantalons
rouges devant, violets derrière; selles jaunes, harnachement
noir. Les guerriers du bas ont les casques, armures d'écaille et
lances couleur de fer; le premier a le vêtement dessous la
cuirasse, rouge, les manches jaunes avec bordure rouge, jambes jaunes, bottes rouges devant, violettes derrière. L'autre
porte un manteau bleu, des pantalons rouges, bottes vertes,
bouclier rouge à points blancs; la pointe est noire et blanche.
Le harnachement est noir avec des points rouges.

---

**PLANCHE 52.** Costumes et lits de repos du X⁰ siècle
— dessinés par *l'éditeur* d'après le même Psautier de la planche 50. — Ces dessins sont choisis de manière à donner un
apperçu des lits de repos qui étaient en usage à cette époque.
Pour s'en faire une idée exacte, il ne faut pas s'arrêter aux
fautes de perspective

Le dessin d'en haut se trouve joint au psaume 119, Verset
105: „La parole est une lampe à mon pied, et une lumière à
mon sentier.“

La couche est toute en bois, dessus est étendu une espèce
de matelas garni d'ornemens, et s'arrondissant en haut et en
bas. La lampe posée sur le trépied est tout à fait dans le style
antique.

Le dessin du milieu se trouve au psaume 24 après le verset 13, mais il est impossible de trouver le moindre rapport
entr'eux. La couche toute en bois tourné est dans le même
gout qu'un grand nombre d'autres meubles qu'on trouve dans
ce manuscrit, et qui parait avoir singulièrement plu pour tous
les ustensiles de cette époque.

Le dessin inférieur se trouve au Psaume **60** et représente le roi David priant sur son lit pour le peuple d'Israël. Le lit se trouve placé sous un dais d'architecture à plein cintre, il est garni de tentures dont le dessin rappelle les mosaïques antiques.

Les couleurs sont: pour le dessin supérieur le vêtement blanc, la couverture verdâtre, le matelas blanc, rouge en haut et en bas avec ornemens blancs; l'oreiller de même, la couche couleur de bois avec tenture verte à l'entour. La lampe et le trépied sont jaunes. — Au milieu, la figure qui repose est enveloppée d'une étoffe violette, les pommes du lit alternativement jaunes et rouge cinabre. La personne debout a le manteau rouge, la tunique violette avec bordure jaune, les jambes sont blanches, les bottes jaunes. — Sur le dessin du bas la couronne est jaune, la couverture violette, le vêtement vert avec bordure rouge, le tapis jaune clair à ramages bruns; l'architecture de diverses couleurs.

**PLANCHE 53.** Costumes et instrumens de musique du X⁰⁰ siècle dessinés par *l'éditeur*, d'après le même Psautier.

Le dessin du haut se trouve au Psaume **150** où l'on engage à louer le Seigneur par des chants et des danses au son des instrumens. Dans le milieu se tient un roi qui joue de la Cithare avec le Pletrum. Cette forme de Cithare se reproduit souvent dans le manuscrit. Un homme souffle dans un cor semblable aux cors d'ivoire ou Olifans de cette époque que l'on a conservés jusqu'aujourd'hui. Une femme tient des cymbales attachées à un manche que l'on fait résonner en les agitant. Quelque grossier que soit le dessin de l'orgue on voit cependant que ses parties les plus essentielles sont conformes à celles de cet instrument de nos jours. Trois hommes foulent une espèce d'outre qui sert de soufflet et que l'on relève au moyen d'un manche. Au milieu on voit danser une figure nue avec un chale. On apperçoit l'arche d'alliance sur une montagne.

Le dessin de dessous se rapporte au psaume 71, Verset 22. „Aussi je te célébrerai, o mon Dieu, pour l'amour de ta vérité, avec l'instrument de la musette; o Saint d'Israël, je te psalmodierai avec la harpe." Cette forme de harpe revient fréquem-

Saiten- u. Blasinstrumente a. d. 10. Jahrh.

ment dans le Psautier. L'homme qui tient les cymbales porte sur son vêtement une espèce d'ornement très répandu à cette époque, un galon qui se termine en disque.

Les couleurs sont: au haut, la couronne du roi en jaune, tunique violette avec bordure jaune; la jambe droite rouge par devant, bleue derrière; la jambe gauche en sens contraire. Le manteau de l'homme avec un livre, brun; tunique jaune à bordure violette, jambes jaunes, bottes brunes. Le manteau de l'homme au cor est rouge, la tunique blanche, les jambes jaunes, les bottes violettes. Le vêtement de la femme rouge à bordure violette, les cymbales jaunes; la tunique de l'homme à gauche est rouge bordée de bleu; les jambes rouges, à la partie antérieure, l'autre jaune. Le chale de la figure qui danse est rouge. Des souffleurs d'orgue, le premier a la tunique rouge bordée de bleu, jambes blanches, bottes jaunes, le Second, tunique verte, jambes bleues, bottes rouges. L'orgue est jaune.

Au bas, la tunique du harpiste est blanche, le manteau bleu doublé de rouge, la harpe jaune. Le cymbalier porte tunique rouge à bordure violette, jambes brunes, bottes rouges.

---

**PLANCHE 54.** Galons de passementerie et gaine de couteau du XI<sup>me</sup> siècle dessinés par *l'éditeur* d'après les objets eux-mêmes qui se trouvent à la Cathédrale de Bamberg. Les deux passementeries d'en haut forment la bordure d'un magnifique Antipendium qui représente l'Adoration des roi Mages, et doit avoir été brodée par St. Cunégonde elle-même. Quoiqu'il en soit, elles appartiennent ainsi que la broderie au XI<sup>me</sup> siècle. La première forme garniture sur les deux côtés, la seconde en haut et en bas. — La passementerie du bas se trouve dans l'intérieur de la mitre de St. Othon que nous avons déjà donnée planche 34. Toutes trois sont devenues presque méconnaissables de vétusté et ce n'est qu'à grande peine que l'éditeur a pu les rétablir avec une complète exactitude. Elles sont ici de grandeur naturelle; seulement celle du haut a encore quelques raies rouge et or qu'on a omises dans la planche.

Les dessins de ces passementeries qui se répètent constamment sont encore tout à fait dans le style antique (grec ancien) en exceptant tout au plus les figures d'animaux phantastiques.

Nous trouvons en général que le gout de l'antique s'est conservé très longtemps dans les dessins des ouvrages de tapisserie et de broderie au moyen age. Jusqu'à présent on a trop méconnu la valeur des étoffes brodées et ouvragées de cette époque. En les recherchant soigneusement, en les reproduisant et les rapprochant on se fera l'idée la plus exacte des ornemens de costumes pendant la première période du moyen age, d'autant plus que les monumens contemporains sont'trop peu détaillés pour ce but.

Les couleurs sont: pour la passementerie du haut, le fonds en or, les dessins en rouge, sauf quelques noeuds tels que ceux qui sont devant la gueule des animaux, en vert, les autres dans les branches, les fleurs en forme de tulipes, et les petits anneaux du milieu sont blancs. —Pour la seconde passementerie, fonds rouge à raies et dessins d'or. — La troisième a le fonds d'or mélangé de rouge; cette couleur domine dans le dessin.

La figure de droite représente de grandeur originale le couteau avec lequel St. Barthélémy doit avoir été écorché. Le couteau, qui pour l'art n'a aucune valeur, est entièrement caché, avec le manche, dans la gaine sauf l'extrémité supérieure. La gaine est d'ivoire très délicatement sculpté en relief. La partie qu'occupe le manche est légèrement bombée de chaque côté; celle de la lame est platte. L'arête droite à laquelle est attachée l'anneau qui servait à la suspendre est également platte de haut en bas. Elle est munie d'un ornement en métal rivé dont les ronds et les ovales sont émaillés de rouge et vert, il était presque complètement enlevé; on l'a complété sur le dessin d'après le peu qui restait. Sur la partie supérieure et inférieure de la gaine se trouve ce genre d'arabesque si recherchée autrefois qui consiste en nœuds de rubans enlacés. On les avait déjà adoptés antérieurement sur les habits; de là ils passèrent successivement dans l'architecture et les divers ustensiles et pendant la première moitié du moyen age, on les voit dominer partout et se reproduire en se variant sans cesse et sans s'épuiser dans toutes les branches de l'art.

Servische kleden en Bijouteriën uit de 14e eeuw.

Trachten a d 13ten Jahrh

# Explication des Planches.

**PLANCHE 55.** Costumes du XIIIᵐᵉ siècle — dessinés par Madame *Cathérine Sattler* d'après une miniature du livre d'Evangiles que nous avons décrit à la Planche 49 de cette Division.

Les figures sous le costume du XIIIᵐᵉ siècle représentent Joseph assis sur un trône royal, tandisque son intendant lui présente la coupe qui a été trouvée dans le sac de Benjamin. La simplicité des vêtemens du serviteur et la magnificence de ceux de Joseph caractérisent le goût de cette époque.

Les couleurs sont: pour Joseph, manteau rouge minium, doublé et bordé d'hermine, robe blanche, bordé d'or au cou et aux manches; le sceptre et la couronne sont en or, le premier surmonté d'un lys d'argent. Le serviteur porte une jaquette vert foncé à bordure noire, des chausses violettes, des souliers noirs. La coupe est en or.

**PLANCHE 56.** Costumes princiers de l'an 1191, communiqués par *J. D. Passavant* d'après un dessin à la plume du manuscrit intitulé: „Codex monasterii sancti Witlibrordi Epternacensis continens fundatoris monasterii privilegia." Il se trouvait dans l'abbaye princière d'Epternach, ordre de St. Bénoit, dans le pays de Luxembourg, d'où il fut transféré avec un grand nombre d'autres manuscrits précieux à la Bibliothèque de Gotha lors de la sécularisation du monastère.

L'écriture est en noir, avec initiales en rouge; l'or n'a pas
été employé. Les dessins qu'il contient, sont tantôt de simples
esquisses à la plume, celle que nous donnons est de ce nombre; les autres sont des miniatures. Le manuscrit fut exécuté
en 1191, par un Theodoricus ecclesiae Epternacensis humilis
alumnus sur l'ordre de l'abbé Godefroi. Notre Planche représente la fondation du monastère d'Epternach en 696 par Ste.
Irmine et Pepin, duc d'Austrasie, maire du palais.

Relativement au costume nous ferons observer, comme un
fait habituel de ce temps, que Ste. Irmine passe les deux doigts
dans l'attache du manteau qui retombe par derrière en plis
nombreux et dissimule la robe de dessous qui est étroite. Le
manteau du duc est également à draperie flottante, tandisque
le reste du vêtement est collant.

Nous avons joint une initiale peinte en cinabre comme toutes les autres, pour donner un specimen de l'écriture.

PLANCHE 57. Costumes du XIᵐᵉ siècle — dessinés par
*l'éditeur* d'après un livre d'Evangiles qui lui appartient. Bien
que nous ne puissions pas assigner à ce dessin une date précise, on doit cependant le classer hardiment dans le XIᵐᵉ siècle, puisque pour le costume, la peinture et le faire en général
il concorde parfaitement avec tous ceux de cette époque, où
l'on rencontre cette manière particulière de rendre le jeu de la
draperie par des lignes parallèles, usitée dans la peinture
aussi bien que dans la sculpture, ainsi que nous l'ont montré les
Evangélistes de la Planche 30 de cette Division, que fit exécuter l'Empereur Henri II. Les figures du haut représentent
les amis qui consolent Job dans son affliction; nous avons omis
Job qui est entièrement nu. Toutes trois portent le costume
masculin du XIᵐᵉ siècle, qui tient beaucoup du goût antique.

Fürstliche Tracht i. J. 1191.

Des deux figures du bas, celle de gauche représente St. Grégoire, revêtu des insignes de l'episcopat (voir Planche 36 de la même Division), et celle de droite St. Bénoit, que l'on trouve dans un grand nombre de dessins des XI<sup>mo</sup> et XII<sup>mo</sup> siècles sous le costume monacal qu'il porte ici; il consiste en une ample robe sans manche, qui est attachée plusieurs fois sous les bras. Ces figures ne sont pas tout-à-fait terminées, attendu que la légende qu'elles tiennent dans leur main, ne porte pas les paroles qu'elles prononcent; et ce qui devrait être en or, n'est indiqué que par une couche de couleur jaune. Dans l'original, la bordure dont nous donnons un fragment à droite du dessin d'en haut, les encadre tous deux.

Les couleurs sont: au premier dessin, pour le personnage de gauche, manteau vert foncé, bordé de jaune; robe blanche à raies violettes; souliers noirs, brodés de blanc. Celui du milieu porte sur la tête un cercle jaune avec pierres violettes; manteau rouge cinabre avec galon jaune; robe blanche à raies vert clair, souliers violets. Celui de droite: bonnet vert foncé, à bordure jaune; manteau jaune, rayé de rouge cinabre à bordure verte; robe blanche, rayée de rouge cinabre et bordée de jaune; souliers comme au premier. — Dans le second dessin: l'évèque a une mitre jaune à bordure et ornemens violets; la chasuble (Casula) rouge cinabre; la bordure ainsi que le pallium par dessus, jaunes; la dalmatique, vert foncé à reflets bruns avec galon jaune surmonté de pierres rouges; l'étole qu'on aperçoit au bas et le manipule au bras gauche, blancs, bordés de rouge des deux côtés; les deux traverses du bas, jaunes; l'aube blanche à reflets vert clair, les souliers violets; à l'autre personnage, robe blanche à reflets bruns, les manches, étroites de dessous, blanches, rayées de vert pâle. Les sièges sont rouge clair, rayés de cinabre.

**PLANCHE 58. Rodolphe de Souabe anti-roi, † 1080 —** dessiné par *J. D. Passav.mt* d'après le monument en bronze dans la Cathédrale de Mersebourg.

Lorsque l'empereur Henri IV. après sa soumission à Canossa, s'éleva de nouveau contre le pape Grégoire VII., celui-ci prononça une seconde excommunication et engagea les princes allemands à élire un autre roi. A la suite de ses instigations ils désignèrent l'anti-roi Rodolphe de Souabe. Henri marcha contre lui, et dans une bataille livrée sur les bords de l'Elster en 1080, Rodolphe perdit la main droite que l'on conserve encore aujourd'hui dans la sacristie de la Cathédrale de Mersebourg. Il y mourut bientôt après des suites de sa blessure, dans le château d'un de ses partisans, l'évêque Werner. Son cadavre fut déposé dans la Cathédrale et placé dans une petite chapelle, construite exprès pour lui auprès de la Crypte. Le tombeau était couvert d'une table de métal où il est représenté en relief plat; à côté une petite colonne où brûlait continuellement une lampe, du reste aucun ornement; seulement sur la porte on voyait une main du Christ, coupée et bénissant. Dans la suite le monument fut transporté à l'entrée du choeur, où il se trouve encore. Henri IV. l'ayant visité, ses courtisans l'engagèrent à faire jeter au vent les cendres du rival. qui avoit osé lui disputer la couronne; l'empereur leur répondit: Fasse Dieu, que tous mes ennemis reposent aussi paisiblement que celui-ci.

Ce riche costume rappelle par la forme et les ornemens celui des dernières périodes romaines au VI™ et VII™ siècles. Dans les creux des pupilles et de la couronne il y avait sans doute originairement des pierres enchâssées.

**PLANCHE 59.** Othon, Comte de Botenlauben † 1244 — dessiné par Madame *Cathérine Sattler* d'après le monument

Top border: REX +HOC RODVLF     PARVPLEGEPEPTVS

Right border (top): PLORANDVS + PERITO + CONDITVR + INTVMVLO +

Right border (bottom): REX + ILLI + SIQVILIS + SIREGNET + TEMPO RE + PACIS

Left border (top): QVOR8 + SIBI + QITAFVIT + ECCLESIAE + CECIDIT +

Left border (bottom): OVA + VICER ESVRVIT + HIC + SACRAVICTI GPABELLI

Bottom border: NONF QITARO IO     CONSILIO + GLADIO

qui se trouve dans l'église de Fraueurode aux environs de Kissingen. Ce tombeau qui a beaucoup souffert des injures du temps, a été plus tard recouvert de badigeon; et quelques parties sont fort mutilées; mais à l'occasion de ce dessin, en enlevant la couche de détrempe on a retrouvé des détails qu'elle cachait entièrement.

Othon de Botenlauben descendait de la maison des Comtes de Henneberg, dont il porte les armes. Il eut pour père Pop-┌on IV., Comte de Henneberg, sa mère était une Comtesse d'Audex. On croit qu'il construisit, ou au moins qu'il renou-vela le château de Botenlauben dont il portait habituellement le nom. Sa piété le conduisit en Terre sainte, d'où il ramena son épouse, dont nous donnons le dessin à la Planche suivante. Son nom brille parmi ceux des Minnesänger, et la Collection de Manesse renferme plusieurs de ses poésies. — On peut trouver des détails plus circonstanciés dans les deux ouvrages de Louis Bechstein sur les Comtes de Botenlauben.

Sur l'agrafe du manteau à plis nombreux, on voit les ar-mes des Henneberg; l'écu qui est posé aux pieds du comte, avait originairement la forme triangulaire, usitée alors; il porte le heaume de tournoi, surmonté du cimier qui consiste en un large chapeau, flanqué de touffes de plumes de paon. Ces ci-miers ne se rencontrent pas seulement dans les armoiries; mais on les portait réellement, comme le prouvent une foule de sceaux équestres. Les courroies qui traversent le manteau, sont les attaches de l'écu.

Les couleurs, autant qu'on en peut juger par les faibles traces qui restent, sont: la couronne dans les cheveux, rouge; manteau blanc, agrafe d'or, l'écusson triangulaire qui s'y trouve, porte d'or à la poule de sable, la bordure ronde est blanche à bandes rouges; la cotte est rouge avec galon d'or au cou; la ceinture noire avec bordure et garniture en or; l'écu

I. 20

en or, le heaume couleur de fer, le chapeau blanc; le coussin placé sous la tête est vert.

**PLANCHE 60.** Béatrix, Comtesse de Botenlauben — dessinée par Madame *Cathérine Sattler* d'après le tombeau placé à côté de celui de son époux que nous venons de décrire. Elle était fille de Josselin III. Sénéchal du royaume de Jérusalem, et en elle s'éteignit la ligne des Comtes d'Edesse en Palestine. Elle fut fondatrice du couvent de Frauenrode, près de Kissingen, abbaye de femmes de l'ordre de St. Bénoit qui suivaient la réforme de Citeaux. La tradition rapporte cette fondation de la manière suivante. Othon et Béatrix se promenant un jour dans le voisinage de leur château, un coup de vent violent arracha le voile de la Comtesse et l'emporta au loin dans les airs. Béatrix fit voeu de construire un monastère à l'endroit même où elle le retrouverait. Des messagers furent envoyés dans toutes les directions et au bout de trois jours des femmes trouvèrent à l'emplacement actuel de Frauenrode le voile suspendu à un églantier en fleurs. Le couvent fut aussitôt construit et richement doté par elle et son époux. Ils y sont enterrés et la reconnaissance leur érigea les ombes dont nous avons tiré nos dessins. Sur le côté droit du manteau qui s'est conservé, se voit une agrafe formée d'un écusson triangulaire avec une croix et enveloppée d'un voile qui fait allusion à la tradition. De cette agrafe partait un ruban qui dans le principe allait se rattacher à une autre sur le côté opposé du manteau.

Les couleurs sont: Le voile sur la tête blanc; manteau rou  lé d'or, doublé de vert; l'écusson d'argent à la croix de gueules; les rubans qui s'y rattachent, blancs; robe blanche, bordée d'or au cou et aux poignets.

Gracpin Beatrix de Belenbauben † 1250

Trachten a. d. 18ten Jahrh.

# Explication des Planches.

**PLANCHE 61.** Costumes du XII<sup></sup> siècle, dessinés par *Wittmer*, peintre à Rome, d'après les figures qui sont brodées sur la dalmatique impériale, que l'on conserve au Vestiaire (Gardarobba) de la Sacristie de St. Pierre. Le fonds est une étoffe de soie bleue avec doublure en soie rouge; les broderies sont en or, argent et couleur. La partie antérieure représente le Christ assis sur un nuage dans une gloire étincelante; au dessous se trouvent plusieurs groupes d'hommes de diverses conditions dont l'attitude et les gestes expriment le respect et l'adoration. Sur le dos on voit la transfiguration du Christ, qui plus bas reparait deux fois entouré de ses disciples. Les dessins des manches se rapportent à la Ste. Cène; sur l'une d'elles le Christ offre le pain et sur l'autre le vin à ses disciples.

On trouve une description de ce riche et remarquable vêtement dans la *Description de Rome* par Ernest Plattner, Tome II. 1. Section, page 203, et dans une dissertation (sur la Dalmatique impériale de Rome) par S. Boisserée, imprimée dans les Mémoires de l'Académie Royale des Sciences de Bavière, III. Section.

On l'a prise également pour la Dalmatique du Pape Léon III. qui en aurait revêtu l'empereur Charlemagne lors de son couronnement en 799. Mais cette opinion a été réfutée par Boisserée avec assez de succès pour qu'il ne reste plus aucun doute à cet égard et on peut hardiment avec lui la placer au XII<sup></sup> siècle. Cependant comme les costumes d'alors ne variaient pas aussi rapidement que de nos jours, et qu'ils se conservaient stéréotypés en quelque sorte pendant des siècles, la ressemblance de celui-ci avec ceux de l'époque Carlovingienne a pu facilement produire cette erreur. Les figures de cette Planche sont empruntées aux groupes qui se trouvent sur la partie antérieure de la dalmatique au dessous de la gloire. Celui de gauche pour les spectateurs représente des princes avec des couronnes et des insignes; celui de droite des personnages de haut rang sans distinctions particulières.

Les couleurs sont: les couronnes en or avec bordure rouge; les manteaux et les robes de dessous blancs, remplacés dans la broderie par l'argent; les galons en or, la bande qui les sépare ainsi que les pièces carrées, vert avec reflet d'or; les bas rouges, les souliers en or.

PLANCHE 62. Costumes du XII<sup>me</sup> siècle, dessinés également par *Wittmer* d'après les broderies de la dalmatique que nous venons de décrire à la Planche précédente. Les figures sont tirées des mêmes groupes et représentent d'un côté des ecclésiastiques; de l'autre une princesse avec des suivantes. Les couleurs sont: manteaux et robes en blanc, avec galons et dessins en croix et en losanges, en or; la princesse porte une couronne d'or à bordure rouge; le collet et les festons triangulaires ainsi que les pièces rapportées sur la robe, verts à reflet d'or, avec bordure rouge, souliers de même couleur.

PLANCHE 63. Casques du XIII<sup>me</sup> siècle, dessinés par *Charles de Mayenfisch* d'après les originaux que l'on conserve au palais du roi à Athènes. Comme terme de comparaison on y a joint en haut le dessin d'un casque romain, vu de deux faces, à droite et à gauche.

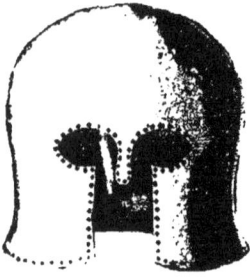

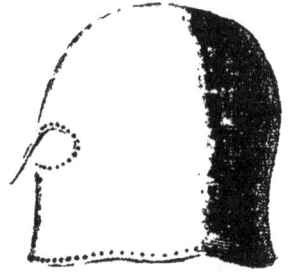

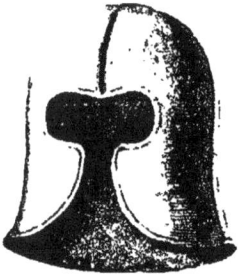

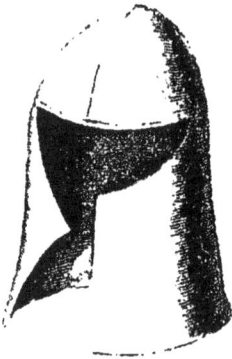

Ce dernier a été dessiné par l'éditeur d'après un modèle qui vient de Naples et se trouve actuellement dans la collection d'antiquités Romaines du comte d'Erbach à Erbach. Il est en bronze, fort léger et recouvert de vert de gris; en haut se trouve une ouverture qui servait à fixer le cimier. En se le figurant un peu plus échancré de chaque côté, il rappelle beaucoup le casque de Minerve.

Les autres se trouvent avec une centaine d'autres qui ont été découverts en 1841 avec différentes pièces d'armures dans une citerne de la Citadelle de Chalcis dans l'île d'Eubée (Negropoute) et appartiennent partie au XIII" et partie au XIV" siècle. Ceux-ci sont tous du XIII"; nous donnerons dans une des livraisons suivantes de la II. Division les formes les plus remarquables de ceux du XIV".

Ils sont tous en fer et fortement couverts de rouille. On les plaçait sur le camail qui enveloppait la tête. Celui du milieu en haut qui se compose d'un cercle de fer avec deux traverses, nous donne une idée de leur simplicité dans l'origine. Un perfectionnement semble se montrer dans celui à forme pointue, placé immédiatement au dessous. Un des plus curieux est le dernier de gauche, en raison de l'échancrure pratiquée sur la droite, parceque tous les coups devaient tomber du côté opposé.

---

PLANCHE 64. Costumes du XII" siècle — copiés par *l'éditeur* d'après les peintures d'un livre d'évangiles de ce temps conservé à la bibliothèque du château à Aschaffenbourg.

Les deux dessins du bas représentent des princes et princesses assis sur leurs trônes. Ils sont empruntés à une peinture offrant dans une série de rois la généalogie de la Vierge, selon l'évangile de St. Mathieu.

Le dessin du haut représente le roi Hérode assis à table avec Hérodias son épouse; devant lui sa fille Salomé danse sur les mains; ce qui faisait souvent partie de cet exercice au XII<sup>e</sup> siècle.

· Les couleurs sont pour les figures du haut: la couronne du roi rouge ornée de jaune; manteau vert, habit violet; la couronne de la reine, semblable; voile blanc, manteau bleu, robe rouge clair. La jeune fille de gauche porte un cercle blanc dans les cheveux; manteau vert avec robe rouge. Le jeune homme de droite a une coiffure rouge, avec manteau bleu. La danseuse est habillée de violet clair.

Les figures du bas sont: à gauche, le roi avec un manteau vert, robe grise, souliers bruns; la coiffure de la reine est blanche, manteau gris, robe rouge clair, souliers noirs; à droite, le roi a une couronne rouge, manteau rouge clair, robe bleue, souliers bruns; la couronne de la reine, rouge avec voile blanc par-dessus, manteau bleu, robe grise, souliers rouges. Le fonds pour tous deux est en or bruni.

PLANCHE 65. Epée et guerrier du XI<sup>e</sup> siècle. — L'épée du milieu est dessinée par *l'éditeur* d'après le modèle que l'on a longtemps pris à tort pour une épée romaine et qui par suite de cette erreur se trouve dans la collection d'antiquités romaines du comte Erbach à Erbach. Elle est en fer rongée par la rouille; la poignée manque et laisse appercevoir le manche de la lame. Notre dessin est réduit au quart; il reproduit la forme la plus essentielle des épées chrétiennes des X<sup>e</sup>, XI<sup>e</sup> et XII<sup>e</sup> siècles. Les caractères distinctifs de ces épées est un fort pommeau tantòt rond et applati sur deux faces, tantòt sous la forme actuelle; une courte poignée de longues gardes et une lame courte et large.

A droite nous donnons la coupe du pommeau vu en dessous.

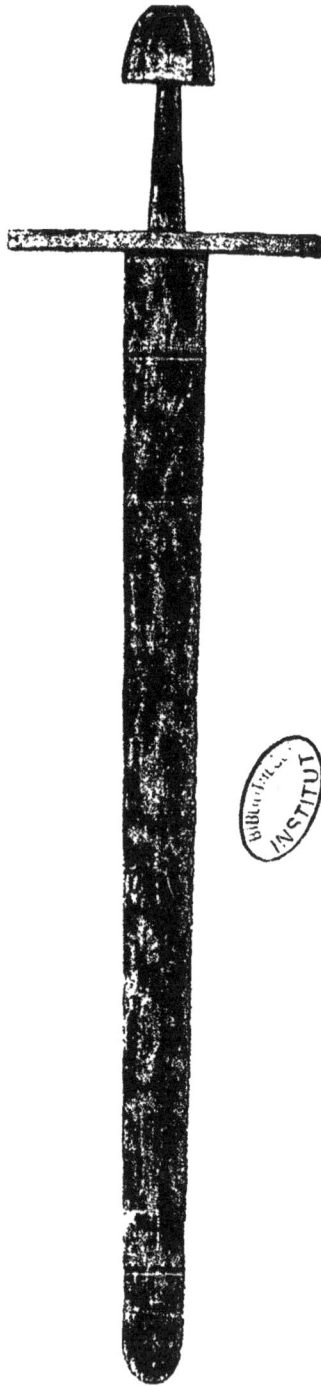

En haut du même côté nous voyons une épée semblable et complète avec poignée, fourreau et baudrier d'après un dessin contemporain sur parchemin. La poignée est noire, tortillée de blanc; le fourreau noir et le baudrier blanc, se nouant autour du corps par un noeud coulant.

A gauche est un guerrier du XI<sup>e</sup> siècle, reproduit par *l'éditeur* d'après un ancien dessin à la plume tracé sur le premier feuillet d'un livre d'évangiles sur parchemin qu'il a trouvé chez un bouquiniste. Les contours sont en noir; le corps des ornemens et quelques parties du costume sont remplis en rouge cinabre. Le guerrier porte sur le camail un casque imité de celui des Romains et semblable au bonnet phrygien. Les boucliers tels que celui-ci, c'est-à-dire, arrondis par le haut et terminés en pointe sont appelés boucliers normands, quoiqu'on les trouve très répandus à cette époque. A droite on voit trois guerriers semblables, dessinés par *L. Regnier* d'après une initiale d'un évangéliaire du XI<sup>e</sup> siècle, à la bibliothèque de Metz. Les couleurs sont: les casques et tissus de maille en fer; la cotte de celui du milieu verte; les deux autres brunes; boucliers jaunes.

Au bas à droite, un guerrier de la même époque, dessiné par *l'éditeur* d'après un fragment sur parchemin, qu'il possède Il porte une épée semblable à celle du milieu. Les mailles et le casque sont couleur de fer; la cotte verte, les chausses brunes, les souliers noirs, l'écu rouge avec ornemens en blanc; le pennon blanc et rouge; l'épée avec les accessoires, comme plus haut.

PLANCHE 66. Anneau episcopal et passementerie du XI<sup>e</sup> siècle, dessinés par *l'éditeur*. L'anneau est entre les mains de Mr. Becker, inspecteur des Contributions à Wurzbourg:

les passementeries proviennent d'anciens ornemens d'églises. L'anneau attribué à St. Godehart et représenté sous diverses faces, est en cuivre doré, orné des attributs des évangélistes et enchassant un morceau de cristal de roche. Godehart depuis 997 abbé du monastère de Nieder-Alteich sur le Danube (ordre de St. Bénoit) fut appelé au siège épiscopal de Hildes-heim en 1022, à cause de son profond savoir. Semblable à St. Bernward son prédécesseur, il favorisa avec zèle les arts et les sciences, fit édifier plusieurs églises et construisit entr'autres la magnifique Cathédrale de Goslar, malheureusement détruite dans les temps modernes. Il mourut en 1038 et fut canonisé en 1131 par le pape Innocent II. Les religieux de Nieder-Alteich jusqu'à la sécularisation de leur monastère conser-vèrent comme une relique, l'anneau dont on trouve un assez mauvais dessin dans le Tome XI des Monumenta Boica.

Les passementeries sont travaillées en or et soie de cou-leur dans le Style Byzantin pur. En voici les couleurs: pour celle du haut, les petits carrés en or, et les anneaux blancs sur fonds bleu; les feuilles de trèfle en or sur fonds rouge; l'espace entre les bordures, bleu; les bandes étroites de celle-ci et de divisions des carreaux, en blanc. Pour celle du milieu le fonds est rouge; les larges raies obliques violettes avec dessin en noir; les petites raies et le feuillage en or. Pour celle du bas, le fonds est rouge, les ornemens en feuillage, en or; les enlacemens en forme de 8, blancs; les paons verts, blonds et or chatoyant; la bordure verte.

# Explication des Planches.

I<sup>re</sup> Division. 12<sup>me</sup> Livraison.

PLANCHE 67. Anna, épouse de l'empereur d'Allemagne Rodolphe I, morte en 1281, et son fils Charles — dessinés par *J. Neustück* d'après la pierre tumulaire qui se trouve dans la cathédrale de Bâle. Cette princesse est morte à Vienne; son corps y fut embaumé, puis transporté à Bâle, comme elle en avait donné l'ordre, afin d'indemniser, selon ses propres expressions, la cathédrale des pertes qu'elle avait essuyées de la part de son époux. A en juger d'après le stile gothique qui porte l'empreinte d'une plus haute perfection, on est porté à croire que la pierre tumulaire date de quelques années postérieures à la mort de l'impératrice; mais le costume de cette princesse est tout-à-fait conforme à la réalité; ce qui est prouvé par les descriptions et tous les portraits contemporains. Nous avons déjà représenté, *pl. 21* de cette division, la couronne que cette princesse a offerte en don à la cathédrale de Bâle. Cette couronne diffère pour la forme de celle dont est ornée la tête du portrait actuel, en ce que la première est la couronne d'une impératrice, et que celle du portrait fait partie des joyaux particuliers et habituels de cette princesse. A son côté, nous voyons son dernier fils Charles, né à Rheinfelden en 1276 et décédé quelques semaines après.

Les vestiges assez rares de la peinture primitive nous permettent seulement de nous arrêter aux conclusions suivantes: les draperies étaient bordées d'or; le chevet inférieur de l'im-

1. 23

pératrice était blanc avec des raies rouges et des fleurs vertes; le chevet supérieur était de même blanc avec des ornements verts; l'aigle, placé dans un écusson d'or, était noir:
le lion, également dans un écusson d'or, était rouge.

PLANCHE 68. Le comte Dyther de Katzenelnbogen,
mort en 1276 — dessiné par *l'éditeur* d'après le tombeau de
grès gris, qui se trouvait jadis dans l'église du couvent de
S<sup>te</sup> Claire à Mayence, actuellement détruite, et que l'on voit
aujourd'hui au musée de Wisbaden.

Le costume simple et la coiffure de cette figure, ont été,
à cette époque, souvent représentés sur le parchemin, ce qui
se rapporte surtout à la coiffure peinte au minium, comme
étant une couronne de comte. L'écusson portant les armes
de Katzenelnbogen est de la taille et de la forme en usage
à cette époque. L'inscription de la pierre tumulaire est conçue en ces termes: *Anno domini millesimo ducentesimo sep-
tuagesimo sexto in octava epiphanie (ae) obiit Dyther de
Katzenelnbogen.*

PLANCHE 69. Le comte Sibotto et sa famille, 1180, —
dessiné par *l'éditeur* d'après un croquis colorié, qui se trouve
sur le premier feuillet d'un manuscrit de la bibliothèque royale
de Munich. Ce manuscrit, qui contient la liste des terres appartenant au dit comte, date de l'année 1180. Le titre porte:
*Iste liber continet reditus omnium possessionum et castrorum,
quae Comes Sigboto &c. possedit.*

Au milieu du tableau, on voit le comte Sigbotto assis,
ayant à sa droite son épouse Hildegarde et, aux deux côtés,
ses fils Chuno et Sigboto. — Sur la note sentencieuse que

ALARBOGA̅+ · ANNO · DOMINI · MILLESIMO · DVCENTASIMOSAPTVAGESIMO · SEXTO · IN · OCTAVA·EPIPHANIA·0·COMES·DVENER·DEKAZE

S. Benedict

les quatre figures ont en mains est écrit: *Die raleas patri bene fili dicite matri ✝ qui legis hec (hæc) care noi (nostri) petimus memorare hoc quidem cuncti mage (magis) tu carissime fili.*

Quant aux couleurs, le vermillon a été employé pour la coiffure, les manteaux et la chaussure; les autres vêtements, de même que les figures, présentent des contours violets et bruns; la bordure et les étoiles du fond sont couleur de cinabre.

PLANCHE 70. Costume de moine du XII⁺ siècle — dessiné par *l'éditeur* d'après le feuillet d'un martyrologe écrit sur parchemin et se trouvant à la bibliothèque royale de Stuttgard, lequel a été commencé en 1138.

Ce dessin représente saint Benoît, assis à sa table et taillant une plume; il ne se compose que de contours rouges et noirs. On y voit le même surtout que porte S¹-Benoît, représenté *pl. 57* de la même division, et qui est une manière de costume des moines de cette époque. La table, dans laquelle est fixée une corne en guise d'encrier, et la forme antique de la chaise sont dignes d'être remarquées. Les contours sont noirs pour le visage, les mains, les pieds, le vêtement, le canif, le livre, l'encrier et les ornements de la voûte: mais le rouge de cinabre a été employé pour l'auréole, les manches étroites, la table, la chaise, le rideau et le marche-pied.

PLANCHE 71. Costume d'enfants du XII⁺ siècle, — dessiné par le peintre *Wittmer* à Rome, d'après des figures qui se trouvent dans la broderie de la *Dalmatique Impériale*, conservée dans la *Guarda-roba* de la sacristie de St.-Pierre à Rome. Voir *pl. 61* de cette division.

Les enfants représentés sur cette planche-ci, qui se trouvent en bas, à la partie antérieure vers la gauche, sont debout devant Abraham, au moment où ce patriarche, les regardant comme sa postérité, leur donne sa bénédiction; d'autres prétendent voir dans ce tableau les enfants que Jésus-Christ appelle à lui.

Comme dans tout le moyen-âge, nous voyons aussi dans ce tableau les enfants représentés avec un costume de la plus grande simplicité. Les petits tuniques sont fixées aux hanches moyennant une ceinture par-dessus laquelle elles retombent; elles sont toutes blanches et entourées de larges galons d'or, bordés de petites lisières rouges. Le fond, de même que toute la *Dalmatique*, est bleu; les ornements sont d'or avec de petites fleurs blanches, rouges et vertes.

PLANCHE 72. Costume de prêtres du XV⁰ siècle, — dessiné par *l'éditeur* d'après un tableau qui se trouve dans un évangéliaire sur parchemin, conservé à la bibliothèque royale de Stuttgard et émanant du couvent de Gengelbach. Nous croyons pouvoir fixer la date de ce travail au XI⁰ siècle, bien que, depuis le milieu du X⁰ siècle jusqu'à la fin du XI⁰, il y ait peu de diversité dans ce genre de productions, et surtout fort peu dans le costume des prêtres. La manière dont les figures de ce livre ont été exécutées, nous rappelle même beaucoup l'époque carlovingienne. Le prêtre porte la *Dalmatique;* au-dessous, on aperçoit l'étole qui retombe sur l'aube; le bras gauche porte le manipule.

Couleurs: la dalmatique est blanche, ayant des cercles et des étoiles d'un rouge clair; les galons perpendiculaires qui la garnissent sont en or; au-dessous, des carrés bleus avec des perles blanches et des cordons retombants rouges; les galons

larges sont en or et incrustés de perles blanches avec des lignes rouges. L'aube est blanche. L'étole est aussi blanche, mais ayant des lignes noires; et, au bas, elle est bordée de rouge. Le manipule est d'argent; la partie inférieure est bleue avec des ornements rouges. Le livre est blanc, et le pupitre, d'argent; ces deux objets sont garnis de lignes et de contours rouges. Le fond du tableau entier est d'or et entouré d'une bordure bleue, qui, à son tour, est bordée de larges bandes d'argent. L'ornement extérieur, qui fait le tour du tableau et dont nous n'avons représenté qu'une partie sur cette planche, alterne de bleu-clair, de bleu-foncé et de blanc.

# Explication des Planches.

PLANCHE 73. L'empereur Othon I, mort en 973, et son épouse Editha, morte en 947, — dessinés par *F. Pechau*, peintre de Magdebourg. Ces statues se trouvent dans une chapelle particulière de la cathédrale de Magdebourg; cette chapelle a seize côtés, onze pieds de diamètre et un autel, sur lequel sont placées les statues.

Bien que la confection de ces statues n'ait pas eu lieu immédiatement après la mort du couple impérial, ce qui est prouvé par les traits assez bien formés du visage et par le mouvement qui règne dans les mains et dans la draperie, nous sommes convaincus qu'elles datent d'une époque à laquelle les insignes de la dignité impériale n'avaient pas encore subi de changement; il est même très-probable que l'artiste a eu sous les yeux bien d'autres portraits qui dataient du temps où ont vécu l'empereur Othon et son épouse.

La tradition nous apprend que les 19 boules, placées dans le disque que l'empereur tient à la main, représentent les 19 tonneaux d'or que l'empereur a donnés pour la construction de la cathédrale; toutefois nous serions bien plutôt porté à ne voir dans cet emblème que le globe impérial, *orbis terrarum*, qui, à cette époque reculée, a été souvent aussi représenté en forme de disque et sans la croix. De

I. 24

la main gauche, l'empereur tient le sceptre, qui est brisé. Editha tient à la main droite le livre des Évangiles, et les *pl. 13 & 31* de cette division nous montrent que c'était un emblème de rigueur pour les impératrices de l'époque carlovingiennes quand elles étaient placées sur leur trône.

Ce qui nous reste de la peinture primitive de ces deux figures nous porte à croire que les vêtements d'or étaient recouverts d'un tissu de couleurs diverses formant des carreaux, dans le genre des étoffes dites écossaises. Il paraît que ce goût a surtout prévalu au siècle des empereurs Othon.

L'empereur Othon I naquit en 912, épousa, en 930, Editha, fille d'Édouard I, roi d'Angleterre, fut couronné empereur à Aix-la-Chapelle en 936, fonda l'évêché de Magdebourg en 948 et mourut à Memleben, le 4 mai 974.

Les couleurs sont distribuées de la manière suivante:

La couronne est d'or, et ornée de pierres précieuses de diverses couleurs. Les manteaux des deux figures sont d'or avec des carreaux verts et des points rouges; la doublure des manteaux est rouge. Les vêtements de dessous ont des raies rouges qui se croisent, les carreaux formés par les intervalles sont alternativement or et bleu; les carreaux bleus sont parsemés de points blancs, et les carreaux d'or, de points rouges. Les souliers sont d'une étoffe d'or, brochée de rouge. Le dossier commun du trône est vert; la garniture est d'or avec des ornements verts.

PLANCHE 74. Costumes du X° siècle, — dessinés par *l'éditeur* d'après les images dont est orné le psautier de la bibliothèque royale de Stuttgard, que nous avons décrit, *pl. 50* de cette division.

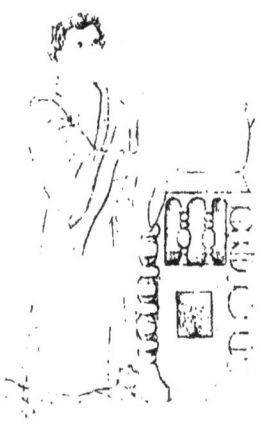

Nous ne citerons plus tous les passages auxquels se rapportent les figures que nous avons sous les yeux, puisque nous avons vu que, par la représentation de ces figures, l'on n'a point eu en vue tel ou tel personnage, mais bien de donner le type général soit d'un roi, soit d'une femme, ou d'une vierge, d'un guerrier etc. du X⁰ siècle.

Le roi *A* est assis sur son trône, tenant le livre des Évangiles à la main. Sa couronne est semblable à celle qui est représentée *pl. 50.* La forme du trône, en fer à cheval, est d'une architecture analogue à celle du palais, représenté *pl. 50. B & C* représentent deux jeunes gens, l'un portant la lance et l'épée, l'autre revêtu d'un manteau. *D* est un jeune homme ayant une auréole et un vêtement long; il est assis sur un trône; une lumière est placée devant lui; il joue du luth à l'aide d'une touche: — c'est une allégorie de la musique céleste. La reine, représentée à *F*, est assise sur un trône d'une forme différente, et le luth dont elle joue ne varie guères par la forme de celui du jeune homme. *E* représente une femme mariée dont, en opposition avec les vierges, la tête est couverte d'une draperie. *G* est un moine, qui ouvre l'Évangile. *H* représente un roi pareil à celui que nous retrouvons *pl. 50;* il n'y a de différence que dans les couleurs et les hauts-de-chausses. *I* est un gentilhomme jouant de la guitarre, tel que nous voyons cet instrument représenté *pl. 53.*

Couleurs: La couronne du roi, *A*, est d'or, ornée de pierreries rouges; le vêtement de dessous est d'un bleu grisâtre ayant une doublure rouge et une bordure verte pardessus l'épaule; le manteau est violet avec une garniture verte; les sandales attachées aux pieds ne nous laissent voir que les cordons noirs. Le coussin placé sur le trône est vert avec des ornements d'or; le trône, d'un travail élégant, est peint des couleurs les plus variées. *B* a un vêtement rouge de cinabre, dont les bordures sont violettes, de même que la chaussure. *C* a la robe blanche une avec garniture brune; le manteau est violet avec un galon rouge de cinabre; haut-de-chausses jaune; bottes, violettes. Le vêtement de *D* est d'un bleu tirant sur le blanc, avec une bordure violette; les bottes sont noires; le luth est brun-clair; les coussins rouges de cinabre; le siége, de couleurs diverses. *E* a le manteau violet, de même que la draperie dont sa tête est enveloppée; vêtement, rouge de cinabre; bordures, jaunes, avec des pierres rouges; chaussure noire. *F,* couronne jaune, avec des pierres rouges; vêtement bleu avec galons jaunes; coussin bleu, et rouge aux deux extrémités; siége, couleur de bois avec encadrement d'or. *H* a la couronne jaune, le manteau ponceau, l'agrafe et la pièce incrustée au milieu, jaunes; le vêtement de dessous est vert avec une bordure jaune; haut-de-chausses violet, bottes vertes. Le vêtement de *I* est vert, le manteau est rouge avec une garniture violette; haut-de-chausses blanc; bottes vertes; coussin vert; siége de diverses couleurs.

PLANCHE 75. Voir pour *A, B* et *C* la planche précédente. Les couleurs sont: la couronne *A* est jaune; le vêtement est bleu, orné d'une garniture jaune, parsemée de pierres rondes rouges, et de pierres anguleuses vertes; le manteau est rouge, le trône a diverses couleurs. Le vêtement *B* est bleu et a une garniture jaune; manteau violet, jambes nues; bottes bleues; guitarre, couleur de bois; ouvrages d'architecture de diverses couleurs. Le vêtement *C* est jaunâtre; les épaules, de même que la bordure, rouge de cinabre; haut-de-chausses, rouge de cinabre; manteau violet; bottes rouges de cinabre; lampe jaune.

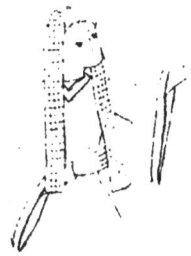

De *D* à *M* on a représenté des figures isolées, tirées du martyrologe qui se trouve à la bibliothèque royale de Stuttgard, et que nous avons cité, *pl. 70* de cette division. Elles ne se composent que de contours noirs et rouges. On peut admettre que ces costumes ont été généralement répandus depuis le X* siècle jusqu'à la fin du XII*. *D* représente un roi, rendant justice sur son trône; le costume qu'il porte est dans le goût ancien, de même que le trône, qui, dans les premiers siècles de l'ère chrétienne, a été de bronze, tel que nous le rencontrons souvent chez les Romains; sa couronne est ornée d'atours qui descendent des deux côtés pardessus les oreilles, tels que nous les retrouvons dans les temps les plus anciens, et tels que nous les voyons représentés à la statue de Frédéric Barberousse que nous avons donnée *pl. 25* de cette division. *E* et *F* sont des têtes de rois, portant des couronnes à peu près semblables. *G* et *H* sont des guerriers sur le point de massacrer des saints; l'épée du guerrier, *G*, tient à une courroie, ornée d'un noeud, sans agrafe, telle que nous l'avons décrite en détail, *pl. 65* de cette division. *H* porte une cotte d'armes longue, composée d'un tissu de mailles, mais que l'on ne saurait apercevoir dans ces simples contours; le casque qui s'y rattache est surmonté d'un chapeau de fer ayant un prolongement qui recouvre le nez. Voir un guerrier semblable portant un bouclier, *pl. 65* de cette division. Quant aux parures de femmes *I* et *L*, on pourra les comparer avec la *pl. 35* de cette division; la dernière se retrouve souvent dans les tableaux de Notre-Dame de l'église italienne. La mître et la crosse d'un évêque, *K* et *M*, qui datent des premiers siècles, pourront être comparées avec *pl. 36* de cette division.

PLANCHE 76. Costume lombard et bordures du IX'
siècle. La figure du roi lombard Loduicus, qui nous a été
communiquée par *I. D. Passavant*, est prise du même manuscrit: „*Leges Longobardorum*“ que nous avons décrit *pl. 19*
de cette division, où l'on trouvera quel intérêt cette figure,
toute grossière qu'elle est, peut avoir pour l'histoire des costumes et des arts.

Couleurs de la peinture: Couronne jaune; le vêtement, qui
se compose de la *lorica* et de la *tunique*, est bleu avec des
bordures jaunes; il en est de même du manteau, que
l'on ne voit que d'un côté, et dont la doublure est rayée de
bleu, de jaune et de violet; haut-de-chausses bleu, et garni
de cordons rouges et blancs; souliers violets; bouclier violet
avec des points blancs, garni à la partie supérieure d'une large
bordure jaune. Tout ce qui est jaune a un encadrement de
lignes rouges,

Nous voyons aux deux côtés de la même planche des
bordures, que l'éditeur a trouvées chez des antiquaires parmi
des restes d'ornements d'église fort anciens. Quant aux couleurs, les raies qui se croisent dans la figure à gauche sont
blanches, de même que les points des intervalles dont le
fond est bleu; l'espace extérieur est rouge avec des points
d'or; le dernier encadrement est vert. Les dragons sont en
or sur un fond jaune.

La figure à droite est jaune; l'entrelacement est vert et
la bordure bleue; les pierres et les perles dont elle était
ornée ne s'y trouvent plus; nous avons toutefois jugé à propos
de les remplacer dans cette représentation.

---

PLANCHE 77. Costumes de l'année 1280, d'après les
tableaux en miniature d'un manuscrit qui se trouve à la bi-

bliothèque de Metz, — dessiné par *C. Regnier*. Ce manuscrit contient les pandectes de Justinien, et a été exécuté par
Renault de Barr, évêque de Metz. Les représentations de
ces tableaux se rapportent aux passages correspondants du
texte, et indiquent d'une manière précise le costume très-
simple du XIIIᵉ siècle.

Au haut de la planche, à gauche, est représenté une
prestation de serment au roi de la part d'un prince et de
deux guerriers. Le roi, assis sur son trône, a les jambes
croisées, ce qui, aux XIIᵉ et XIIIᵉ siècles, exprimait la haute
dignité de juge ou de prince. L'armure des deux guerriers
se compose d'écailles de fer, jointes par des bandes du même
métal. Le tableau supérieur à droite représente une investiture; les deux guerriers portent au dessus de leur armure de
fer les cottes d'armes sans manches, dont l'une sert aussi à
envelopper la tête. — Au-dessous, l'image qui occupe le
milieu de la planche et qui représente une cérémonie nuptiale,
prouve la simplicité extrême des costumes de cette époque.
Le roi qui, dans la petite image à droite, se perce de sa
lance, porte la couronne sur un capuchon en mailles de fer,
et des lames de fer recouvrent partiellement le tissu en
chainons de fer qui sert de chaussure, costume devenu assez
général à fin du XIIIᵉ siècle.

Couleurs: La couronne du roi de l'image supérieure, à
gauche, est d'or; vêtement, bleu-clair, manteau, rouge-clair;
haut-de-chausses, noir. L'armure à écailles de deux guerriers est couleur de fer; toutefois la partie du vêtement pui
enveloppe le cou du guerrier au premier plan est brune; ie
fond du tableau est bleu avec des points blancs. Le roi du
tableau à droite a la couronne d'or, le manteau bleu, le
vêtement, rouges de cinabre; chaussure, noire: le sceptre
est blanc; celui qui est agenouillé devant lui, a l'habit gris

et les bottes noires. Le guerrier du premier plan porte sur l'armure de fer une cotte d'armes feuille-morte; celui d'arrière une cotte d'armes bleue; le fond est rouge avec des points blancs. Au-dessous, dans le tableau qui représente la cérémonie nuptiale, l'évêque porte l'aube blanche, avec une pièce d'étoffe d'or, cousue au milieu de la partie inférieure; au-dessus de l'aube est le surplis, ayant une garniture d'or à la partie supérieure. Le fiancé a un vêtement gris, l'épouse une robe verte et une coiffure de même couleur. Le père, que nous voyons à gauche, a l'habit rouge, et la tête couverte d'une étoffe verte. La mère, qui occupe la droite, a la robe grise, le manteau rouge une coiffure verte avec une couronne d'or. Le fond est bleu avec des points blancs. — Dans le tableau inférieur, à droite, le roi a une cotte d'armes couleur de fer, couverte d'un vêtement de couleur feuille-morte; la couronne, couleur de minium, employée souvent à cette époque au lieu de l'or. L'encadrement de ces tableaux est d'or; les ornements qui s'y rattachent sont de diverses couleurs.

PLANCHE 78. Un roi et un évêque du X⁰ siècle, — communiqué par *M. le professeur Michelant* d'après un tableau en minature d'un manuscrit du X siècle de St.-Omer. Ce manuscrit intéressant, qui contient un grand nombre de peintures, traite de la vie de St.-Audomarus ou St.-Omer. Le tableau que nous avons sous les yeux représente le roi Dagobert remettant à St.-Audomarus la crosse d'évêque et l'investissant de l'évêché de Térouanne. Bien que ces deux personnages vécussent au VII⁰ siècle, le présent tableau ne nous en donne pas moins une idée exacte du costume d'un roi et d'un évêque

ainsi que de l'état dans lequel se trouvait la peinture au X<sup>e</sup> siècle, époque où ce livre a été écrit. —

Couleurs: la couronne du roi est d'or, encadrée par des lignes rouges; comme elle est à jour, on voit à travers les cheveux blancs du roi; le manteau est vert et a des garnitures d'or, encadrées par des lignes rouges; le vêtement de dessus est rouge de cinabre, ayant des points blancs; la garniture est d'or, le vêtement de dessous est gris, les bas rouges, les souliers sont noirs et galonnés d'or; le sceptre est d'or; le coussin est jaune et rayé de rouge; le siége est brun, le marche-pied est violet et a trois pieds dorés. Le surplis de l'évêque est d'un brun-rougeâtre, avec plusieurs garnitures de galons d'or; la dalmatique que l'on aperçoit au-dessous est d'une étoffe d'or brunâtre, ayant des ornements rouges et des galons d'or; l'aube, visible en bas et à la manche, est d'un gris bleuâtre, d'un blanc fortement ombré; la doublure est rouge; les souliers sont noirs et garnis de larges galons d'or; la crosse épiscopale est d'or; le livre des Évangiles, vert avec des ornements d'or. Le coussin est violet, de même que le siége; le premier a des lignes rouges et le second a des divisions transversales en or. Le tableau entier a un fond bleu-clair, et il est encadré par une large bande d'or, bordée de deux lignes rouges.

# Explication des Planches.

PLANCHE 79. Conrad de Thuringe, décédé en 1241; — dessiné par *l'éditeur* d'après la pierre tumulaire de ce landgrave, qui se trouve dans l'église de S¹° Elisabeth à Marbourg, église fort remarquable par ses monuments artistiques et historiques.

Lorsqu'en 1848 une lavasse vint crever près de Marbourg et que l'eau, qui avait pénétré dans l'intérieur de l'église, y eut causé de vates dégâts, la plupart des tombes s'étaient écroulées; c'est pourquoi le monument que nous représentons n'occupe plus sa place primitive et qu'il se trouve derrière le grand-autel, au milieu de débris. Les couleurs primitives sont assez bien conservées. Cette pierre tumulaire, sur laquelle est sculptée une figure en grandeur naturelle, se distingue par la manière dont le sujet a été traité, aussi bien que par l'exécution, vu le temps où ce travail a été entrepris; la distribution de l'ensemble, et surtout le goût qui a présidé aux ornements de feuillage, nous permettent d'admettre que le maitre qui a été chargé de l'exécution de ce monument était italien, ou que le dessin a été fait en Italie. Comme on prétend que Conrad est décédé à Rome, cette supposition nous paraît d'autant plus probable.

Conrad de Thuringe est représenté sur cette planche avec le costume des chevaliers de l'Ordre Teutonique; la croix de l'Ordre se compose de deux bandes étroites; plus tard, la croix a été portée plus large et plus forte; la discipline qu'il tient à la main droite est l'emblème de sa pénitence. Deux écussons sont placés à ses pieds; l'un porte la croix de l'Ordre Teutonique; l'autre, le lion de Hesse, que nous voyons multiplié dans les ornements du chevet.

Les couleurs sont: barette brune, manteau blanc avec la croix noire. Les agrafes carrées, d'où descend un cordon rouge, sont d'or. Le vêtement de dessous est brun; la ceinture est noire, de même que les souliers; la discipline est rouge et ornée d'anneaux à la courroie; le chevet est blanc et parsemé de disques bleus; les lions dont les disques sont chargés sont divisés en bandes horisontales de gueules et d'argent; les ornements du fond se composent de carrés rouges et noirs, ornés de lignes blanches. L'un des écussons est d'argent, portant une croix de sable; l'autre est d'azur et chargé d'un lion coupé d'argent et de gueules. Le feuillage qui entoure le chevet et les deux écussons est vert.

PLANCHE 80. Boucliers coloriés du XIII' siècle — dessinés par *l'éditeur*. Au centre de la partie supérieure de cette planche, nous avons représenté un bouclier original, lequel se trouve à l'église de Sⁱⁱ-Elisabeth à Marbourg. Tout nous porte à croire que c'est le même bouclier que Conrad de Thuringe a porté comme chevalier et qui, après sa mort, a été suspendu au-dessus de son tombeau, selon la coutume de ces temps-là. Notre assertion n'est point fondée sur ce que ce bouclier porte tout-à-fait le caractère des boucliers du XIII° siècle, et qu'il s'en trouve un sur sa tombe qui lui ressemble beaucoup; mais elle s'appuie sur le petit écusson blanc ayaɩ la croix noire de l'Ordre Teutonique, qui se trouve peint sur le bouclier et sur la conviction que Conrad a été le seul

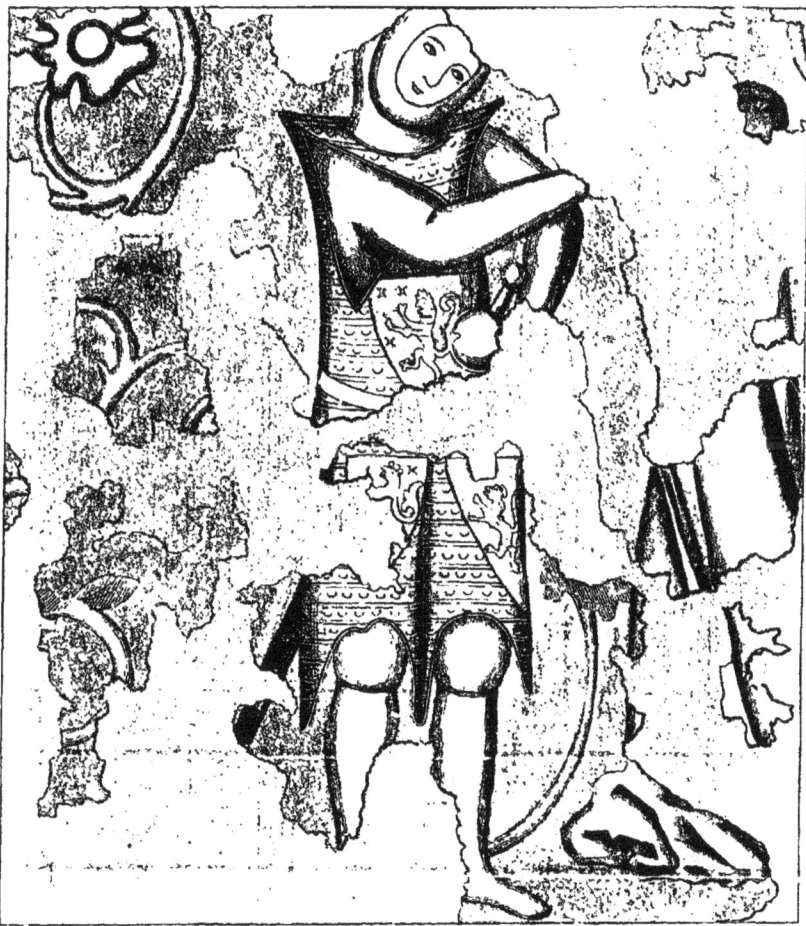

Tafelmalerei aus dem 15. Jahrhundert.

landgrave de Hesse qui soit entré dans cet ordre. Comme l'écusson qui porte l'emblème des chevaliers de l'Ordre Teutonique a l'extrémité inférieure arrondie, on peut admettre qu'il n'a été ajouté que vers la fin du XIV<sup>e</sup> siècle, époque où, sans nul doute, on était encore à même de reconnaître dans Conrad le possesseur du bouclier accroché au-dessus de sa tombe.

Ce bouclier a deux pieds neuf pouces de haut sur deux pieds trois pouces de large; il est un peu voûté vers les deux extrémités latérales, mais la direction verticale forme une ligne parfaitement droite. Il est en bois; la partie antérieure est recouverte de parchemin colorié de bleu; c'est sur ce fond bleu que se dessine le lion, exécuté en cuir pressé, et coupé de bandes horisontales de gueules et d'argent; la première couleur est de gueules. Il avait dans son origine sur la tête une couronne de métal doré, dont quelques fragments sont encore visibles.

Le revers de ce bouclier, si remarquable en lui-même, présente surtout beaucoup d'intérêt. Primitivement, le parchemin qui recouvre le revers était entièrement doré, et sur ce fond se trouvait, esquissée d'azur, une série de personnes, représentant l'histoire d'un chevalier, qui était sans doute celle de Conrad de Thuringe, le possesseur du bouclier. Mais le lion de la partie antérieure s'étant détaché du bouclier, on enfonça, pour le remettre, des clous qui traversèrent le bouclier et abîmèrent presque totalement la peinture du revers; car les clous, plantés à tous les contours du lion, firent tomber la dorure et la peinture appliquées sur une couche de blanc. Les parties, peu nombreuses, qui ont été conservées nous présentent la figure d'un chevalier, que nous avons rendue fidèlement au bas de cette planche. Ce chevalier a le costume de guerre du XIII<sup>e</sup> siècle; il porte le tissu de mailles de fer complet, qui couvre même sa tête; au-dessus de ce vêtement, indiqué sans la peinture actuelle par une teinte grisâtre, est la cotte d'armes, qui descend jusqu'aux genoux et dont la partie inférieure est en languettes; la cotte d'armes est rouge et ornée partout de filets d'or; la bordure est blanche; sur la cotte se trouve, répété trois fois, l'écusson de Hesse avec le lion coupé d'argent et de gueules. Le ceinturon de l'épée est blanc, selon l'usage d'alors; au-dessous des genoux, on aperçoit des raies rouges. Quelques vestiges nous permettent de supposer qu'une dame, ayant un vêtement rouge, se trouvait en face du chevalier et que le fond d'or était orné de plantes grimpantes, portant des fleurs rouges. Il existe, en outre du fragment que nous venons d'indiquer, peu de vestiges de cette peinture. Les petits fragments qui restent encore, nous permettent à peine de supposer qu'il s'y trouvait d'autres chevaliers à cheval et d'autres figures. Il faut donc nous contenter du fragment assez intéressant que nous venons de décrire et qui, sans doute, repésente, en costume de guerre, le même Conrad de Thuringe, que nous avons vu en costume de chevalier de l'Ordre Teutonique, *pl. 79;* car, dans cette peinture du revers du bouclier, cette figure occupe le premier rang de la partie inférieure, et c'est de cette figure que sont parties les plantes rampantes, au milieu desquelles se sont déployées les autres figures. En supposant que nous soyons dans l'erreur à cet égard, cette même figure nous fait voir comment était armé et vêtu le propriétaire du bouclier. Il y a plus; ce bouclier nous montre avec quelle précision les armes de Hesse se sont dessinées dès le XIIIe siècle, quelle influence les couleurs des boucliers ont exercé sur le blazon, et comme nous retrouvons, dès le milieu du XIIIe siècle, l'art de peintre les ustensiles et les armes, lequel on est convenu de ne rechercher que dans des ouvrages postérieurs et surtout dans les galeries de tableaux.

Les figures additionelles de cette planche *A, B, C, D,* nous offrent un exemple de plus de boucliers peints et d'hé-

Heinrich Landgraf v. Hessen † 1298

*raldique.* Ces figures sont prises d'un manuscrit sur parchemin du XIII° siècle, se trouvant à la bibliothèque de Leipsick et ayant pour sujet l'histoire d'Alexandre-le-Grand. Les chevaliers sont représentés tout-à-fait d'après le costume du XIII° siècle, — costume qui se caractérise surtout par l'armure de mailles de fer, par les vêtements de dessus sans manches, par les boucliers triangulaires, par des casques aplatis à la partie supérieure et par la couleur blanche des ceinturons d'épées. Les boucliers ont la même forme que ceux de Marbourg, que nous avons décrits, et sont aussi coloriés; mais nous ferons observer, comme une marque caractéristique, que les trois casques plats à la partie supérieure sont coloriés, de même que les boucliers. Plusieurs tableaux et pierres tumulaires de l'époque prouvent que les casques coloriés de cette espèce, de même que les boucliers correspondants, ont fait partie des objets qui, avant l'usage universellement répandu des cimiers et des lambrequins, ont servi de données principales à la science du blazon.

Les couleurs de ces quatre figures sont: *A* a le heaume coupé de sinople et d'argent; la cotte d'armes rouge; le haut-de-chausses est d'or. *B* a le heaume, le bouclier et les genouillères rouges; la lance est blanche. *C* a le heaume et le bouclier d'azur, avec des bandes d'argent en languettes; les genouillères sont d'or et la lance d'argent. *D* a le bouclier d'or, tranché d'azur; cotte d'armes rouge; ceinturon blanc; épée d'argent. Le tissu de mailles de fer, dont ces quatre figures sont vêtues, représenté sur cette planche par des points, est couleur de fer.

PLANCHE 81. Henri, landgrave de Hesse, décédé en 1298, — dessiné par *l'éditeur.*

Par suite de la dévastation des tombeaux, causée par l'inondation de l'église de S<sup>te</sup>-Elisabeth à Marbourg (voir *pl. 79*), on vit surgir la pierre tumulaire de la planche actuelle, laquelle, couverte de plâtre, a servi de base à une autre pierre tumu-laire fort ancienne; elle se compose de grès rouge; la hau-teur est de 7 pieds 4 pouces, sur une largeur de 4 pieds 3 pouces. La sculpture de cette pierre tumulaire ne se compose que de contours profondement taillés, qui, primitivement, ont été remplis d'une masse résineuse de couleur brun-foncé, de sorte que la pierre présente une surface plane. Nous trouvons des monuments funéraires de ce genre dans les premiers temps du moyen-âge, posés en terre comme des dalles, de manière à ne point gêner la circulation des allants et venants; souvent même elles servaient à indiquer la place où reposaient les dé-pouilles mortelles d'une personne, dont parfois un second mo-nument funèbre était élevé à l'un des côtés de l'église. Sans doute de pareilles pierres funéraires, sculptées en contours, se trouvent parfois dressées contre les murailles latérales; peut-être ont-elles été placées ainsi de prime abord, parce qu'on manquait de place; ou, ce qui est plus probable, elles ont été enlevées plus tard de la position gisante qu'elles occupaient primitivement. On sait qu'il se trouve beaucoup d'anciennes pierres de ce genre incrustées de parties isolées et plates p. ex. de figures, de mains, d'armoiries etc., ou de bronze et de pierres d'une autre couleur.

L'inscription du monument que nous représentons, est, d'après ce qu'il est possible d'en déchiffrer, conçue en ces termes: HENRICVS . DOMICELLVS . LANDGRAVIVS . IVNIOR . ANO . DOMINI . MCCXCVIII . IN . VIGILIA . BARTOLOMEI ..." *Domicellus* veut dire *petit seigneur*, et indique le fils cadet d'une famille de princes régnants, lequel n'est pas arrivé au trône. Avant la découverte de cette pierre, on n'a jamais su dans quel lieu ce même prince Henri était mort et enseveli.

La représentation du landgrave que nous avons donnée sur cette planche, sans prétendre à un dessin exact, vient à l'ap-

pui de ce ʒʋɔ nous avons plus d'une fois démontré relativement au costume des chevaliers du XIII° siècle; elle se compose d'un tissu de mailles qui enveloppe la tête et tout le
corps; cette armure est recouverte de la cotte d'armes, ordinairement sans manches, mais, dans cette représentation, avec
des manches courtes. Quant au bouclier chargé du lion, nous
renvoyons à celui de la planche précédente et à celui que
nous avons représenté *pl. 82;* tous deux sont des boucliers
originaux de la même époque et ils se trouvent l'un et l'autre
dans la même église. Relativement à l'épée large, munie d'une
poignée fort courte, autour de laquelle est enveloppé le ceinturon, blanc à l'ordinaire, et que le chevalier attachait autour
du corps sans l'agrafer, nous renvoyons à la *pl. 65* de cette
division. Les contours d'architecture, qui encadrent la figure
du landgrave, nous donnent une idée de la perfection à laquelle
le style gothique était arrivé vers la fin du XIII° siècle. Les
formes typiques de l'inscription de cette pierre tumulaire appartiennent à l'époque de la moitié du XIII° siècle jusqu'au
milieu du XIV°.

PLANCHE 82. Bouclier du XIII° siècle, — dessiné par
*l'éditeur* d'après un bouclier original qui, de même que celui
que nous avons décrit *pl. 80,* se trouve à l'église de Sᵗᵉ-Eli-
sabeth, à Marbourg. Le bouclier de la *pl. 80,* bien qu'il n'ait,
jamais été suffisamment examiné, s'est toutefois trouvé depuis
longtemps à portée d'être remarqué par les visiteurs, tandis
que celui de la planche actuelle, placé à 30 pieds d'élévation,
rendu méconnaissable par la poussière, était accroché à la place
même qui lui a été assignée en l'honneur de feu son possesseur. Tous les vestiges paraissent annoncer qu'il n'a jamais été
enlevé de sa place, jusqu'au moment où l'éditeur alla le décro-

cher, en novembre 1850, dans le but de le représenter dans cet ouvrage.

Comme le bouclier représenté, bien que grossièrement, sur la pierre tumulaire du landgrave Henri (voir *pl. 80*), coïncide dans les parties essentielles avec celui que nous représentons ici, qui, selon toutes les données apparentes, date de la même époque et qui était accroché dans le même chœur latéral où la pierre tumulaire a été découverte, il est à présumer que c'est là le bouclier même dont le landgrave Henri s'est servi durant sa vie.

Au moyen-âge, quand un chevalier distingué venait à mourir, il était d'usage de suspendre son bouclier dans l'église au-dessus de son tombeau. C'est à cette coutume que nous devons la conservation des restes les plus rares et les plus remarquables des temps antérieurs du moyen-âge, parmi lesquels ce bouclier peut, à juste titre, obtenir le premier rang. On ne saurait douter que nous ne fussions en possession d'un très-grand nombre d'objets pareils, si, dans le courant du dernier siècle, l'on n'avait pas enlevé des églises les plus anciennes des voitures entières de reliques pareilles, et si on ne les avait pas détruites comme un bagage inutile. Il y a plus; les antiquaires et les investigateurs de cette époque se sont refusés à admettre ces objets dans les collections d'armures et d'objets antiques qui existaient dès-lors, parce que souvent ils n'ont pu reconnaître la valeur d'objets pareils, sans apparence extérieure, et qu'ils n'ont pu se convaincre que dans les premiers temps du moyen-âge les boucliers et les cuirasses fussent le plus souvent faits de bois, de cuir, et recouverts de toile, de parchemin, etc.

Ce bouclier, de la dimension duquel on peut se faire une idée d'après l'échelle que nous avons ajoutée à la représentation, est presque entièrement plat; il est seulement tant soit peu voûté vers les deux côtés; la pointe inférieure n'occupe pas tout-à-fait le centre. La partie antérieure est couverte de parchemin et dorée. Au-dessus de la dorure se trouve une autre couche, qui représente en relief le lion de Hesse, coupé de cinq bandes de gueules et d'un nombre égal de bandes d'argent, et placé dans un champ d'azur, chargé de feuillage et de seize monstres ailés. Tous les interstices formés par les boucles du lion, de même que ceux des ornements du champ d'azur sont à jour, de sorte que le fond d'or luit, à travers un grand nombre de petites lacunes, sur toute l'étendue du bouclier. La figure du lion est un peu plus forte et plus en relief que les ornements d'azur; la couronne, l'oeil avec son entourage, les dents et les griffes sont d'or. La couche à jour, ornée des embellissements dont nous venons de parler, se compose d'une toile de lin, imbibée d'une masse, composée surtout de colle et de craie, et façonnée dans l'état d'humidité, puis découpée. Le revers du bouclier est également recouvert de parchemin ou de cuir de cochon, et simplement peint de couleur bleue; nous y voyons les anneaux de fer qui servaient à fixer les anses; ces dernières sont faites de cordes.

Lorsque le guerrier était à cheval, le bouclier se portait au bras gauche dans une position oblique; ceux dont se servaient les chevaliers à pied étaient plus grands.

Il est intéressant d'observer les efforts d'imagination dont l'artiste a fait preuve dans l'exécution de ce bouclier, sans que, pour appliquer ses ornements, il ait pu s'écarter de sa tâche principale, celle de représenter le lion de gueules et d'argent dans un champ d'azur. Quelque ingénieux que soient du reste ces ornements, tous les détails s'identifient avec les formes qui, vers le milieu du XIIIᵉ siècle, ont passé dans les ateliers des artisans. C'est pourquoi nous nous en tenons, pour déterminer le temps où ce bouclier a été fabriqué, non-seulement à l'essentiel de la forme, mais aussi et surtout aux contours du lion, aux plantes rampantes ayant des feuilles pointues, lesquelles paraissent plutôt appartenir au style de l'antiquité qu'à celui du moyen-âge, enfin aux dragons en forme de harpies, ayant des têtes humaines et des têtes d'animaux, telles qu'à cette même époque nous les retrouvons si fréquemment dans les initiales et les arabesques des manuscrits.

Parmi les couleurs dont nous avons parlé plus haut, l'or se trouve encore dans un état assez frais; mais en revanche les siècles ont rendu l'argent terne; la couleur rouge n'a plus d'éclat, et le bleu d'outre-mer a acquis une nuance verdâtre. Toutefois, en prenant en considération le nombre des siècles et la corruptibilité des matériaux, nous reconnaîtrons que ce bouclier s'est conservé de la manière la plus étonnante.

PLANCHE 83. Costumes du XIᵉ siècle — dessinés par *l'éditeur* d'après une peinture sur parchemin, tirée d'un manuscrit de cette même période, lequel contient les psaumes de David et se trouve à la bibliothèque de l'université de Leipsick. Le tableau qui représente les trois hommes faisant de la musique se trouve à l'endroit du livre où l'on exhorte à louer Dieu par des cantiques et des chœurs de musique.

Le costume de ces trois hommes ressemble beaucoup, à l'exception du haut-de-chausses, à l'ancien costume des Romains, tel qu'il s'est assez bien conservé depuis les premiers siècles de l'ère chrétienne jusque vers le XIIᵉ siècle. Le haut-de-chausses seul n'a aucun rapport avec le costume de l'antiquité et nous ramène à la période chrétienne.

Quand même nous ne trouvons, dans l'architecture qui entoure tout le tableau, ni les proportions convenables, ni une perspective bien entendue, nous n'en acquérons pas moins

une idée exacte d'un édifice de luxe du XI° siècle. Les ornements qui y dominent, composés d'entrelacements combinés
avec art, étaient alors appliqués aux objets les plus variés.

Le tableau entier est exécuté avec la plus grande exactitude
en contours très-prononcés, relevés encore par les couleurs les
plus vives. Ce qui nous a frappé, c'est que l'on n'y trouve
pas d'or, et que ce métal a été remplacé par la couleur jaune;
ce que nous retrouvons rarement parmi les peintures sur parchemin du XI° siècle.

Couleurs: La figure qui tient la harpe a le manteau d'un
rouge vif, le vêtement bleu: le haut-de-chausses, de même
que la harpe, couleur de minium. Celle qui tient le cor vert,
encadré de jaune, a le manteau bleu; le vêtement de dessous,
rouge de minium, et le haut-de-chausses, vert. La troisième
figure, qui tient un violon jaune a le manteau et le haut-de-
chausses couleur de minium; le vêtement de dessous est bleu.
Les larges bordures, qui ne s'étendent dans les trois figures
que jusqu'à la moitié du vêtement, de même que celles qui
font deux fois le tour de la jambe, sont de couleur jaune: les
souliers sont noirs. Quant à l'architecture, les ouvrages d'entrelacements sont, la plupart, blancs sur un fond brun-foncé;
tout le reste présente les couleurs les plus variées.


PLANCHE 84. Costumes du XIII° siècle, dessinés par
*l'éditeur.*

A est d'après une peinture sur verre, laquelle date de
cette époque et se trouve dans la salle des armures d'Erbach
dans l'Odenwald; il n'y a pas de doute que cette peinture ne
soit un des premiers ouvrages de ce genre; ce qui paraît
prouvé, non-seulement par le mode d'exécution pour ce genre
de peinture, mais par l'encadrement de plomb, qui, par la

grossièreté du travail, prouve que des représentations de cette nature était encore dans l'enfance.

Les trois guerriers de cette représentation, occupent, comme gardiens du S'-Sépulchre, la partie inférieure d'un grand tableau, qui représente la résurrection de Notre-Seigneur. Nous avons cru devoir ajouter cette représentation à notre ouvrage, parce que notre but a été de prouver à fond, autant que possible, quel était le costume guerrier des XI° et XII° siècles, soit par des sculptures, soit au moyen de tableau; et ce costume, qui se répète dans toutes les représentations, se trouve également vérifié par la planche actuelle, où nous voyons des guerriers vêtus de tissus d'écailles de fer, au-dessus desquels ils portent de simples cottes d'armes. Le guerrier du centre porte au-dessus de la coiffe d'écailles, le heaume, qui, comme dans cette représentation, a conservé jusque vers la fin du XIII° siècle la partie supérieure entièrement plane. Tous les trois guerriers portent un écusson, ayant un chapeau de sable dans un champ d'or; ce sont sans doute les armes du fondateur de ce tableau. Le heaume, le manche de la hache et la poignée de l'épée sont d'or; le guerrier de la gauche a seul une cotte d'armes verte; toutes les autres parties des figures se composent d'un verre gris-bleuâtre avec des contours noirs; le fond est bleu; les encadrements latéraux sont jaunes et embellis de disques de verre bleu et d'ornements noirs.

Nous regardons comme appartenant à la même période les objets ci-après indiqués, qui ont été trouvés dans le tombeau d'un chevalier de distinction près de Bologne, et qui se trouvent actuellement en possession de M. Mayenfisch à Sigmaringen. *B* est le pommeau de l'épée d'un chevalier, vu de la partie antérieure; il est de bronze et, dans l'origine, il a été doré; le centre représente un castel, qui se rapporte sans doute aux armes de Castille, si toutefois ce n'est pas un

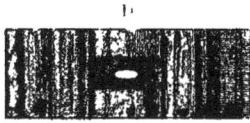

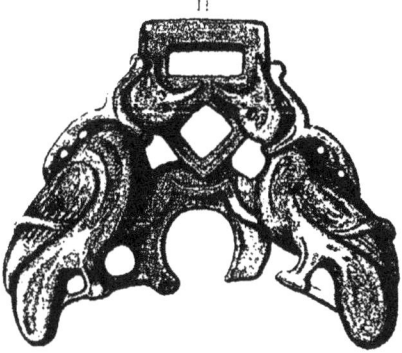

emblême de la chevalerie en général. Le fond, de même que les fenêtres du château, est émaillé de bleu; la porte est émaillée de rouge. L'espace qui se trouve entre le cercle d'or et l'encadrement en languettes, est comblé par un émail rouge, tandis qu'un émail bleu couvre l'espace entre les languettes et la bordure arquée extérieure. *D* représente le même pommeau, vu d'en-bas, et *C* nous le montre vu d'arrière; l'étoile centrale de *C* est bleue; le reste a les mêmes couleurs que la partie antérieure. Le pommeau du poignard qui accompagnait cette épée, a été également doré; *E* nous montre sa face antérieure, dont l'encadrement est émaillé de noir, de même que l'aigle. On ne saurait affirmer que cette aigle ait appartenu aux armoiries de l'Allemagne, car dès les premiers temps du moyen-âge, cette figure a été employée comme ornement chez diverses nations. *F* nous fait voir le revers, également émaillé de noir; *G* nous le présente vu d'en-bas.

Ce qui nous a surtout porté a représenter ces pommeaux d'épée et de poignard, c'est qu'il n'y a que peu d'armes de luxe de cette période qui soient parvenues en bon état jusqu'à nous. Il ne nous est resté de ces deux armes que les pommeaux; car les autres parties, étant de fer, ont été entièrement détruites par la rouille. Nous avons eu plusieurs fois l'occasion de faire voir combien la forme d'armes pareilles était simple à cette époque éloignée. Ces pommeaux nous donnent une idée de la manière dont on embellissait les armes dans les premiers temps du moyen-âge; on n'a maintenant que peu d'exemples d'ornements pareils.

*H* représente une agrafe de bronze, dorée dans l'origine; les ornements de cette agrafe ont encore tout-à-fait le type roman. Parmi les objets que nous venons de décrire se trouvait encore un atour de bronze et doré; *I* nous le représente vu en face, et *K* en est le profil. Nul doute que cet atour n'ait été cousu sur un vêtement, pour servir d'agrafe. La partie antérieure nous présente trois écussons, ayant la forme des boucliers d'alors. L'écusson supérieur est chargé de trois castels dans un champ émaillé de gueules, castels semblables à celui que porte le pommeau d'épée en champ d'azur. Les émaux des deux autres écussons ne sont pas reconnaissables.

# Explication des Planches.

PLANCHE 85. Le comte Ernest de Gleichen, décédé en 1264, et ses deux épouses; — d'après la pierre tumulaire de ce chevalier, conservée dans la cathédrale d'Erfurt. Ce monument s'est trouvé primitivement dans l'église de St. Pierre, sur le Pétersberg, à Erfurt; mais cette église fut démolie au commencement de ce siècle, parce qu'on la déclara nuisible aux fortifications. — Un grand nombre d'autres pierres tumulaires fort intéressantes ont été employées comme dalles au pavement des rues.

On a dit et écrit bien des choses en faveur et contre ce comte de Gleichen; voici le résumé de ces récits. Le comte Ernest de Gleichen prit part à la croisade de 1227; il fut blessé, fait prisonnier et emmené en esclavage. La fille de son maître, la belle Mélechsala, prit soin de lui, et bien qu'il lui eût déclaré qu'il était marié, elle favorisa son évasion et l'accompagna à Venise. A Rome, le comte obtint une dispense du pape, épousa la dame turque du consentement même de sa première épouse, qui, par ce sacrifice, avait voulu prouver sa reconnaissance à l'étrangère. Le comte eut encore trois enfants de sa première femme, tandis que Mélechsala resta sans enfants; la mort l'enleva la première à cette étrange alliance, et le comte mourut le dernier. Ces

I. 27

faits, plus ou moins ornés, se répandirent à différentes époques des temps antérieurs, soit au moyen des chroniques, soit dans des poëmes. Toutefois les investigateurs modernes rejettent complètement toute l'authenticité de cet événement. Les observations de l'éditeur se bornent à ce qui va suivre. Ce n'est que par une grande ignorance de l'histoire des arts et des costumes que l'on a pu prétendre dans la seconde édition du „*Dictionnaire universel de Pierer*" comme dans d'autres ouvrages, que ce monument a été destiné à un comte Sigismond de Gleichen, qui eut également deux femmes, mais qui n'avait épousé la seconde qu'après la mort de la première, et qui mourut en 1494. A juger de l'ensemble aussi bien que des détails de cette pierre funéraire, ce monument a été exécuté immédiatement ou peu de temps après la mort du comte Ernest. Ce qui nous a surtout frappé, c'est que, dans des temps postérieurs, l'inscription qui entourait la pierre a été enlevée avec soin à l'aide du ciseau, sans doute avec une intention marquée. Il serait donc à présumer que le contenu de cette inscription a été contraire aux institutions de l'église. Nous croyons également que les faits attribués au comte de Gleichen ont été répandus durant sa vie, ou peu après sa mort, parce qu'ils ont été représentés dans un grand nombre d'ouvrages d'art contemporains; c'est ainsi, par exemple, qu'il se trouve au musée ducal de Gotha un écrin de cette époque, lequel a sans doute servi de présent de nôces, dont le bas-relief ciselé en ivoire représente en détail cet événement de la vie du comte. Il est vrai de dire que des histoires de cette nature sont aussi racontées relativement à d'autres chevaliers, dont les pierres tumulaires, sur lesquelles sont représentées deux femmes, ont le plus souvent été l'unique motif de récits pareils. Quant à ces derniers, il a toujours été prouvé plus tard qu'en effet ils avaient eu deux femmes, mais qu'ils ne les avaient

point eues en même temps; ce qui du reste n'a point encore
été prouvé à l'égard du comte de Gleichen. Il est par conséquent permis d'admettre qu'il y a quelque chose de vrai à
ce récit.

Bien que l'on ait déjà beaucoup dit et écrit au sujet de
cette pierre tumulaire, il n'en existe point encore une représentation satisfaisante. Nous voyons sur ce monument le comte
dans son costume ordinaire, portant encore les traces de la
coupe romaine, qui n'ont disparu en Allemagne que vers la
fin du treizième siècle; son caractère de chevalier est désigné
par l'épée et le bouclier; quant au bouclier nous renvoyons
à la description détaillée de cette partie de l'armure des
chevaliers de l'époque donnée, *pl. 80 et 82* de cette division. Les deux dames ont une coiffure qui enveloppe la tête;
ce qui, à cette époque, distinguait les femmes mariées des
jeunes filles; cette coiffure, ouverte à la partie supérieure, ne
se compose que d'un cercle fixé autour du menton à l'aide
d'une draperie. La deuxième division de notre ouvrage a démontré que vers le XIVᵉ siècle ce genre de coiffure s'est
transformé en une fraise qui entoure presque toute la tête.
Les trois figures portent sur la poitrine des agrafes, telles
qu'on les retrouve souvent sur les pierres tumulaires des
premiers temps de l'ère chrétienne. Rien n'annonce que
l'une des deux femmes doive être regardée comme une dame
orientale.

Les couleurs sont distribuées comme suit:

Le vêtement du comte est rouge de cinabre, ainsi que
les manches; la doublure est blanche et la garniture se compose de galons d'or; le manteau, de même que la partie qui
retombe sur l'épaule, est blanc et encadré de bordures d'or;
souliers noirs; l'agrafe est d'or et ornée de quatre pierres
bleues; le bouton et la branche de la garde de l'épée, dont

la poignée est noire, sont d'or; le fourreau noir est entrelacé
d'un ceinturon blanc et a une garniture d'or. Le bouclier est
d'azur, portant lion et bordure d'or. La dame placée à la
droite du chevalier a le vêtement et les souliers noirs; les
bordures de la poitrine sont d'or; le petit écusson d'azur est
encadré d'or. Le manteau est bleu, encadré d'or et doublé
de blanc; le large cercle qui entoure la tête est rouge de cinabre et parsemé d'étoiles d'or; la draperie qui entoure le
menton et descend sur les épaules est blanche. Le livre est
rouge et garni d'or. Le vêtement de la dame à gauche est
bleu; le haut de la robe est encadré d'or; le manteau est d'un
rouge vif et doublé de blanc; les bordures, l'agrafe et les
cordons du manteau sont d'or, de même que la ceinture et
l'agrafe de la poitrine; le cercle qui entoure la tête est rouge
et parsemé de feuillage en or; la mentonnière est blanche et
les souliers sont noirs. Le fond des figures est bleu-foncé;
le piédestal d'un brun rougeâtre; la bordure du monument, enlevée par le ciseau, nous laisse voir la couleur rougeâtre de
la pierre.

PLANCHE 86. Juifs du XIIIᵉ siècle, — dessinés par
*l'éditeur* d'après une miniature dont est orné un *machsor* (livre
de prières et de lois chez les Juifs), qui se trouve à la bibliothèque de l'université de Leipsick. Cet ouvrage se compose d'un manuscrit sur parchemin en deux gros volumes,
dont les ornements portent tout-à-fait le caractère de ceux des
missels chrétiens de la même époque. Il est richement orné
d'initiales hébraïques, dorées et embellies de dessins décora-
tifs. Les costumes hébreux que nous y remarquons se dis-
tinguent fort peu des costumes chrétiens de ces mêmes temps.
Il paraît fort étrange que, dans ce manuscrit, les traits des

figures orientales, de même que les gestes, soient outrés jusqu'à la caricature. Ou bien cet ouvrage grandiose d'une nature particulière a été exécuté par les Juifs eux-mêmes, dans un but sérieux quelconque, ou ils l'ont fait faire à grands frais par des chrétiens; et ni l'une ni l'autre alternative ne suffit pour nous expliquer pourquoi les traits de ces personnages ont été défigurés de la sorte.

Dans la représentation supérieure se trouvent des lettres hébraïques, formant le commencement d'un passage qui traite de l'union conjugale; ce qui correspond sans doute aux propositions de mariage qu'un jeune homme paraît faire à une dame, dont le haut rang est annoncé par la couronne.

La représentation d'en-bas nous fait voir un prêtre et deux autres Juifs, debout et priant près de l'autel. Dès les premières représentations artistiques, les juifs sont caractérisés par le chapeau représenté trois fois sur cette planche; il est le plus souvent de couleur jaune; mais il n'est point rare de le représenter blanc, comme dans l'exemplaire actuel. Quant aux autres couleurs; le vêtement du juif du haut de la planche est rouge sale; la chaussure est noire. La dame placée à côté de lui a la robe rouge; la couronne, la coiffure et l'agrafe sont d'or. — Le fond de ces figures, de même que celui des lettres qui se trouvent au-dessous, est bleu, chargé d'ornements blancs, les lettres d'or ont un encadrement couleur de minium; les murs de la partie architectonique sont d'un rouge sale; les toits élevés, de même que les fenêtres, sont rouge de minium; les toits plus petits et les ogives sont d'or.

Le premier des Israélites, de la partie inférieure de la planche, a le vêtement blanc; les raies du manteau sont rouges. Celui qui le suit a l'habit de dessous jaune; le manteau, vert. Le manteau du dernier est d'un rouge sale; l'habit de dessous est jaune. L'autel est d'un vert sale et a des rebords d'argent;

le fond est bleu; l'encadrement dentelé intérieur est rouge de cinabre; l'encadrement extérieur est d'argent; les triangles qui se forment en dehors de la bordure sont d'un rouge sale.

PLANCHE 87. Costume sacerdotal du XI<sup>e</sup> siècle, — dessiné par *l'éditeur* d'après la première feuille d'un vieux manuscrit sur parchemin, qui se trouve à la bibliothèque de l'université de Leipsick. Ce volume a été écrit au couvent d'Altenzel, et contient des ordonnances du pape Grégoire-le-Grand. La planche actuelle nous représente ce pontife, au moment où le St.-Esprit, dans la forme d'une colombe, lui inspire les paroles qu'il dicte à un diacre. Supposé même que l'écriture de ce volume émane d'une autre époque, le stile du dessin et le costume de cette représentation portent tout-à-fait le caractère du XI<sup>e</sup> siècle; peut-être une représentation de cette époque a-t-elle servi de modèle. —

Quant à la couronne papale, bien qu'il ne s'agisse à l'ordinaire que d'une triple couronne et que les peintres d'histoire n'hésitent point à la représenter dans tous leurs tableaux telle qu'elle existe aujourd'hui, elle n'en a pas moins, depuis l'existence de la papauté, changé de forme à plusieurs reprises. La forme arrondie de la couronne pontificale que nous voyons dans cette représentation, est celle qui a traversé toute la première partie du moyen-âge; vint ensuite celle qui se composait d'un chapeau conique et en pointe, entourée de trois couronnes, que nous retrouvons jusque vers la fin du XV<sup>e</sup> siècle; plus tard nous voyons reparaître également la triple couronne sur une forme voûtée, qui, dans sa partie essentielle, s'est conservée jusqu'à nos jours. En outre, le pape représenté sur cette planche porte, de même que les évêques de son époque, le long vêtement de dessous, appelé *aube*, au-dessus duquel

nous voyons un vêtement plus court, la dalmatique, qui n'est point encore échancrée aux deux côtés, comme elle l'a été plus tard; ce dernier vêtement est recouvert par la *casv'a* ou *planeta (chasuble)*, manteau fermé tout autour, au-dessous duquel on voit paraître les bras, et qui, après plusieurs modifications, est le vêtement que le prêtre porte encore à l'office divin. Au-dessus de la chasuble est *l'étole*, bande de laine, blanche, marquée de croix noires.

Les couleurs de cette représentation ne sont visibles que par ci par là, encore sont-elles la plupart ternies; et il est probable que sur plusieurs points elles aient totalement manqué. — Le vêtement du pape est tout-à-fait blanc; mais les bordures de la couronne sont jaunes et les pierres de la garniture de la dalmatique sont vertes et jaunes. Quelques bordures, quelques encadrements ou raies du vêtement du diacre sont jaunes, rouges ou vertes. Dans l'architecture, la couleur jaune est dominante; le rideau est vert.

PLANCHE 88. Guerrier du XIII siècle; — dessiné par l'éditeur. *A, B* et *C* sont des figures du machsor hébraïque, que nous avons décrit *pl. 86* de cette division. Elles représentent le roi Pharaon et ses guerriers, poursuivant les Juifs à travers la Mer-Rouge. Les hommes de cette représentation, de même que les chevaux, sont costumés dans le goût du XIII siècle, époque où cet ouvrage a été exécuté. *A*, le roi, porte au-dessus de sa cuirasse d'écailles le heaume fermé, dont nous avons déjà souvent fait mention, avec la couronne; *C* nous le représente avec une draperie, dont on pouvait entourer le casque et les épaules, afin d'être à l'abri de l'ardeur du soleil. Cette draperie n'avait pas d'autre but à cette époque; mais peu de temps après elle fut mise en rapport avec le cimier et peinte sur le bouclier avec les mêmes couleurs; puis elle devint, comme lambrequins, une partie essentielle du blazon.

Couleurs: le heaume de la figure *A* est d'or, ainsi que la couronne; le bouclier et le caparaçon sont bleus; les croissants d'or; les points blancs; cotte d'armes blanche; drapeau rouge. La figure *B* a le casque d'or, le bouclier sinople à la fasce d'or; cotte d'armes, de même que le caparaçon, rouge, portant des étoiles d'argent et des fasces rouges. *C* a le heaume d'or, surmonté d'une étoffe blanche; la couverture du cheval est verte et ornée de croissants et d'étoiles d'argent. Toutes les cuirasses d'écailles sont couleur de fer; les épées sont d'argent et les poignées d'or.

*D* représente une épée de la même époque. L'original, parfaitement bien conservé et, ce qui est rare, presqu'entièrement exempt de rouille, se trouve à la bibliothèque de la ville de Leipsick, à l'hôtel-de-ville, appelé *Gewandthaus*. Nous avons ajouté à notre représentation la coupe transversale de la lame à sa partie la plus épaisse, de même que le pommeau, vu d'en-bas. La lame porte l'inscription de „BENEDICTUS DEUS MEUS.“

La poignée du manche de l'épée était primitivement entourée d'une peau, dont il n'y a plus de trace. — L'échelle que nous avons donnée nous indique la grandeur de cette arme.

La *planche 65* de cette division nous fait voir une épée semblable, également représentée d'après l'original. — Nous renvoyons à la description que nous en avons donnée.

*E* représente trois guerriers, d'après une peinture sur parchemin dont est orné un livre de prières du XIII° siècle, conservé à la bibliothèque de Leipsick; ce sont trois gardiens du tombeau de Notre-Seigneur. La coiffe de l'armure d'écailles du guerrier du centre est rabattue en arrière, tandis que

celle du guerrier à gauche est retenue par un lien. Le guerrier couché a au-dessus de la coiffe un heaume, plat à la partie supérieure et cachant le visage entier, tel que, durant les XII° et XIII° siècles, on le rencontrait souvent surtout en Angleterre, mais plus rarement en Allemagne. Les sceaux des chevaliers de cette époque nous ont surtout laissé des vestiges de ce genre de heaume. Le bouclier est colorié d'un ornement qui n'a point encore de signification héraldique.

Couleurs: le heaume du guerrier couché est d'or; la cotte d'armes est alternativement rayée de violet-clair, de violet-foncé, de vert-clair, de vert-foncé, et de blanc; le bouclier est bordé de jaune, le fond est rouge; l'aile et les raies sont blanches; l'armure d'écailles a la couleur du fer; les vêtements de dessous sont garnis de rouge. Le fond du tableau est gris; l'encadrement de chaque côté est vert, celui d'en-bas est violet, ayant des ornements blancs. La bordure extérieure est jaune.

PLANCHE 89. Costumes du XI° siècle, — dessinés par *l'éditeur*. A est pris d'un dessin à la plume sur parchemin, conservé à la bibliothèque universitaire de Leipsick parmi les feuilles précédant un ancien manuscrit, lesquelles n'ont aucun rapport particulier avec le manuscrit même. Ce dessin représente, en outre du personnage que nous donnons ici, d'autres figures dans lesquelles les vices divers sont personnifiés. La figure de cette planche est intitulée „*vanus*", et son attitude et la richesse du costume prouvent l'orgueil et la vanité du personnage qu'elle représente. Le caractère d'antiquité et d'énergie que porte le stile de cette figure, et qui se fait surtout remarquer dans le manteau, qui, pareil au costume oriental de notre époque, sert en même temps de coiffure, mérite une attention particulière.

*B* et *C* représentent des bergers qui entendent annoncer la naissance de Notre-Seigneur; ils sont pris d'un livre de prières, orné de peintures sur parchemin du XI° siècle, lequel est conservé à la même bibliothèque que le manuscrit ci-dessus. La figure *B* a un vêtement brun de peau d'animal, dont la fourrure, teinte de bleu, sert d'encadrement; on voit juspu'au milieu du XV° siècle des fourrures bleues servant de doublure aux vêtements des personnes de distinction. Le chapeau est noir et garni de blanc; le haut-de-chausses bleu-clair, les bottes noires avec des bandes blanches. *C* porte une blouse, surmontée d'un capuchon pareil à celui d'un froc de moine. Il est connu que l'habit monacal tire son origine de celui des bergers. La figure porte une corbeille brune; le vêtement est gris, nuancé de brun.

*D*, un roi et une reine sur le trône, d'après une peinture sur parchemin dont est orné le manuscrit contenant le „Commentaire de Grégoire-le-Grand sur le Cantique des Cantiques"; ce manuscrit est de même conservé à la bibliothèque de l'Université de Leipsick. Nous retrouvons ici, à quelques modifications près, le costume royal du XI siècle, tel que nous l'avons déjà représenté à plusieurs reprises.

Couleurs: La couronne du roi est d'or; le sceptre est blanc et surmonté d'une fleur-de-lys en or; le manteau est vert-clair, le vêtement d'un rouge sale, mais la partie inférieure est blanche; chacune des manches est ornée de deux larges bordures en or; le trône est d'or. La couronne de la reine est d'or; le manteau, vert; la fourrure dont il est doublé est bleue et blanche; la robe rouge-clair. Les rouleaux que les deux figures tiennent à la main sont blancs. Les souliers sont gris. L'architecture est en général d'un rouge sale; mais les colonnes sont d'or, les toits, rouge de cinabre; quelques autres parties, de différentes couleurs.

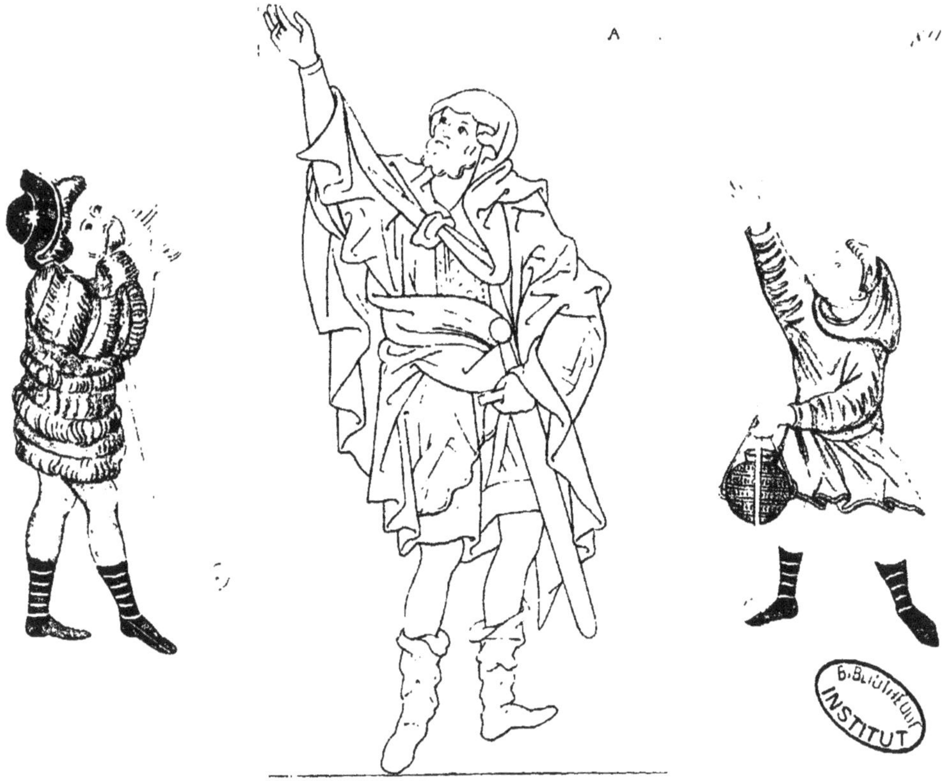



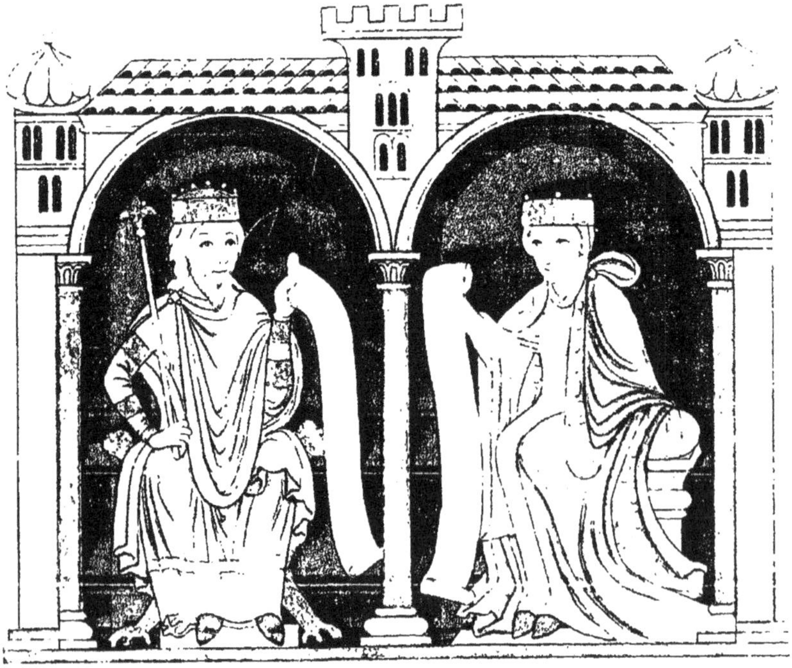

Salomon

Sponsa

**PLANCHE 90.** Costumes du XI° siècle, tirés du même manuscrit que la représentation *D* de la planche antérieure.

La planche actuelle nous représente de nouveau un roi avec quelque différence dans le costume, et plusieurs jeunes dames, qui représentent ici la Fiancée et la Jeunesse, chantées dans le Cantique des Cantiques  De même que le roi, la fiancée est ornée d'une couronne et d'une auréole. Il est à remarquer que le bas de la robe de la vierge qui occupe le premier plan est entr'ouvert, de manière à laisser voir le vêtement collant dont les jambes sont recouvertes.  Le XI° siècle nous offre quelques exemples de cette particularité

Couleurs: L'auréole du roi est d'or; la couronne blanche est légèrement encadrée de contours rouges; il en est de même du vêtement de dessous et du sceptre; le manteau est vert et orné d'agrafes d'or; souliers noirs avec des points blancs. La couronne et l'auréole de la fiancée sont comme celles du roi; le vêtement, à manches longues et pendantes, est bleu-foncé, ayant en-haut et en-bas une garniture d'or; les manches sont doublées de blanc; la bordure extérieure des disques dont les manches sont ornées, est rouge de cinabre; la deuxième bordure, de même que le centre, est bleu-foncé; la troisième bordure est blanche; le manteau, qui n'est que peu visible, est rouge de cinabre, doublé d'une fourrure écaillée de blanc et de bleu.  La première dame a la coiffure blanche avec des contours rouges; le vêtement court de dessus est couleur de minium à la partie supérieure; une large bordure d'or occupe le centre et le bas de la robe; la robe est bleu-foncé et a des disques ronds pareils à ceux du vêtement de la fiancée.  Le bas de la robe, qui est ouvert, est blanc et nuancé de bleu; le vêtement collant des jambes est couleur de minium avec des points blancs.  La dame placée derrière elle a la coiffure blanche avec des contours rouges; la robe est couleur de cinabre, encadrée en-haut et en-bas de bordures d'or; vêtement de dessous blanc; manteau vert, doublé de fourrure blanche et bleue; souliers d'or. Le fond et l'entourage d'architecture de l'ensemble alternent d'or et des couleurs les plus diverses.

MAXIMIANVS ?

# Explication des Planches.

PLANCHE 91. L'empereur Justinien, — mort en 565
— avec sa suite, d'après un tableau de mosaïque d'une grande
dimension, conservé à l'église de *S. Vitale* à Ravenne. En
1837, cette mosaïque a été copiée sur les lieux par M. le
docteur *Ernest Foerster*, qui en avait reçu l'ordre de S. M.
le roi de Prusse, Frédéric-Guillaume IV, et c'est à la gra-
cieuse bienveillance du monarque et aux soins obligeants de
l'artiste que nous devons la communication de l'exacte imitation de ce curieux tableau.

L'église de *S. Vitale*, fondée sous le roi des Ostrogoths
Théodoric, fut terminée, après la chute de la domination éphé-
mère des Goths, par l'empereur Justinien, et avec la coopération de Julianus Argentarius (architecte ou trésorier de
l'empereur?), elle a été embellie d'ornements mosaïques, puis
inaugurée en 547. La procession solennelle de cette inauguration forme le sujet des deux grandes mosaïques qui ta-
pissent les murailles perpendiculaires du chœur et dont l'une,
celle de la gauche en entrant, est représentée sur notre planche.

La figure du centre, marquée de *A*, est l'empereur Justinien, portant dans un plat d'or le présent d'inauguration qu'il
destine à l'église. Justinien naquit en 483; en 547, il avait
atteint l'âge de 64 ans; or, s'il est représenté plus jeune sur
ce tableau, c'est par suite d'une règle maintenue pour les apo-
théoses. A sa droite sont représentés deux seigneurs de la

I.                                                                    29

cour, ou grands dignitaires de l'empire, *F* et *G;* à côté d'eux
se trouve la garde impériale, *H*, *I*, *K*, avec le bouclier orné
du monogramme bien connu.    A la gauche de l'empereur
se tient, un peu en arrière, un autre fonctionnaire impérial,
qui pourrait bien être Julien Argentarius.    A côté de l'empereur est placé le chef de l'église de Ravenne, l'évêque Maximien, *E*, chargé de l'inauguration de *S. Vitale;* il est accompagné de deux membres inférieurs du clergé *C*, *D*, l'un
portant l'évangile, l'autre tenant l'encensoir.

Cette représentation, de même que celle de la planche
suivante, nous offre des données précieuses sur le caractère
des .costumes des premiers âges de la chrétienté; nous sommes à même de tirer de ce tableau des conséquences très
importantes à cet égard, puisque les costumes sont restés très
simples et n'ont guère changé du V° au IX° siècle; ce n'est
qu'à cette dernière époque qu'ils ont commencé à être marqués du type du monde chrétien.    Avant le XI° siècle, les
évêques ont toujours été représentés sans mitre, ainsi que
nous en voyons la preuve dans la figure de Maximien. — Il
est vrai de dire que fort peu de vêtements originaux de cette
époque sont parvenus jusqu'à nous; mais en revanche les
tombeaux de ces siècles lointains nous ont conservé une
quantité d'objets de parure, tels que nous les voyons représentés sur la planche suivante en guise d'agrafes, de manteau
et de colliers.    Quant à la forme de ces joyaux et au goût
des ornements, on ne saurait méconnaître le style oriental;
jusqu' à-présent ces objets ont été regardés comme émanant
du monde payen par la plupart des archéologues, et ce n'est
qu'à une époque récente que l'on a commencé à leur assigner la place qu'ils doivent occuper dans l'histoire des arts.
La planche 96 de cette division nous offre un échantillon de
ces joyaux des premiers siècles chrétiens.    La cuirasse et la

toge *(lorica et toga)* des Romains joue encore un grand rôle à cette époque. Nous ferons surtout remarquer, comme caractère distinctif, la répétition continuelle des ornements des étoffes d'alors, se composant de fleurs et de pièces rondes, comme aussi les pièces carrées d'une étoffe différente insérées dans les vêtements de dessus; les planches 50 et 51 nous fournissent d'autres exemples de ce costume.

Couleurs: *A* a le manteau violet foncé (le pourpre des anciens); la pièce insérée est d'or et ornée de canards verts dans un cercle rouge. L'agrafe de l'épaule est ornée d'une pierre rouge; elle est entourée de perles blanches (l'écu placé un peu au-dessous est de même couleur). L'agrafe est en outre surmontée d'une pierre verte et de trois pierres bleues moins grandes. Le vêtement de dessous est blanc, garni d'or à la manche et au côté; la ceinture est rouge; l'étoffe des jambes est violet-foncé; les souliers en forme de sandales sont encadrés d'or et ornés de pierres bleues. Quant à la couronne, les bordures supérieures et inférieures sont garnies de pierres blanches; la rangée du milieu se compose alternativement de pierres rouges et de pierres bleues; des perles pendent autour de la couronne. Le vase que tient l'empereur est d'or. — *B* a le vêtement de dessous (l'aube) blanc; deux raies noires sillonnent les manches et le devant du vêtement; le vêtement de dessus *(la chasuble)* est d'un vert sale; la pallium est blanc, ayant une croix noire; les souliers à sandales de cette figure, comme ceux des figures suivantes, sont noirs et le reste de la chaussure est blanc. *C* et *D* ont l'aube blanche, bordée de noir. *E* a le manteau blanc, de même que l'aube. *F* a le manteau blanc avec l'insertion d'une pièce d'étoffe violette; le vêtement de dessous est blanc, les ornements et les épaules de couleur noire; l'agrafe est d'or. *G* a le manteau et le vêtement de dessous de même couleur, à l'exception de l'épaule; marquée de points rouges et de raies bleues. Le vêtement de *II* est vert; l'étoffe qui recouvre le haut du bras, les rubans dont l'épaule est ornée, de même que le collier, sont d'or; le bouclier est rouge, portant une étoile d'azur et encadré de même couleur; les jambes sont vêtues de blanc. *I* a le vêtement jaune, nuancé de rouge; le surtout qui entoure le cou et les épaules est violet-foncé et parsemé d'or; les ornements et le collier sont d'or; les jambes sont vêtues d'une étoffe blanche; le bouclier est vert, ayant un encadrement d'or; le chiffre impérial que porte l'écu est également d'or; l'encadrement et le chiffre sont ornés de pierres vertes carrées et de pierres ovales bleues. Le disque central alterne de bleu, de noir, d'or et de rouge. *K* a le vêtement vert; la bordure du cou est rouge, l'anneau est d'or. Le fond du tableau est entièrement d'or.

PLANCHE 92. L'impératrice Théodora, décédée en 548, — dessinée par M. le docteur *Ernest Foerster* d'après le pendant du tableau de mosaïque que nous avons décrit *pl. 91*. Tout ce qui a été dit au sujet des costumes de cette période en général se rapporte également aux figures de notre planche. L'impératrice est représentée à la tête d'une procession solennelle; entourée de toute sa cour, elle est arrivée à l'entrée de l'église, dont l'inauguration devait être éternisée par ce tableau et par celui de la planche précédente. L'impératrice était fille du patriarche Acacius de Constantinople; sa mère l'avait fait élever pour le théâtre, où elle se distingua par ses talents pour la pantomime. Elle suivit en Afrique le gouverneur Ekébolus, qui ne tarda pas à la congédier. Elle séjourna quelque temps à Alexandrie dans un état d'extrême indigence, puis revint à Constantinople. Ce fut là que Justinien, issu

d'une famille patricienne, mais loin de songer au trône impérial, apprit à la connaître et qu'il l'épousa. Après l'avènement de Justinien au trône de l'Empire d'Orient, Théodora fut couronnée impératrice par le patriarche, et l'histoire nous dit que son génie et sa fermeté ont surtout contribué à cet éclat que la tradition prête au règne de Justinien. Cette impératrice a cherché à expier sa vie antérieure en transformant un palais situé sur la côte d'Asie en un établissement pour l'amélioration des mœurs.

Notre planche nous représente l'impératrice Théodora dans tout le luxe de sa parure; ses vêtements sont enrichis de perles et de pierres précieuses; elle tient un vase d'or dans ses mains. La bordure du manteau est ornée d'une représentation de l'Adoration des Mages d'Orient; on ne voit que les dernières figures apportant des présents: c'est une allusion à une action pareille attribuée à l'impératrice. Les bonnets phrygiens des mages se retrouvent fréquemment dans des représentations pareilles dont les plus anciens cercueils sont ornés. Le cercle qui entoure la tête de l'impératrice n'est point une auréole; il n'a été tracé que pour faire ressortir la figure principale du tableau.

Les hommes qui se tiennent à la droite de l'impératrice sont des chambellans en fonction; quant aux dames, placées à la gauche de la princesse, on s'aperçoit d'une différence graduée en fait de parure qui semble faire allusion aux diverses fonctions, de sorte que les figures de dames les plus éloignées du centre ne peuvent être regardées que comme des femmes-de-chambre. La forme des manteaux, qui ressemblent à des châles, et la manière dont ils sont jetés autour du corps, nous ont paru fort caractéristiques. La fontaine (*Cantharus*), placée à l'entrée du temple marquée par une draperie en guise de rideau, est un ornement essentiel des anciennes églises et, du moins en Orient, elles se composaient toujours d'une eau vive et jaillissante, au moyen de laquelle s'opérait l'acte de purification symbolique.

Couleurs: Le manteau de l'impératrice est violet, enrichi de figures et d'ornements d'or; le vêtement de dessous, dont le bas est garni de feuilles alternant de rouge et de vert et de raies vertes, est blanc; l'écusson placé sur l'épaule droite est d'or; les agrafes des deux côtés sont d'or et enchâssées de pierres rouges; l'agrafe du milieu est d'or et enrichie de pierres vertes; les perles oblongues, de même que les perles rondes de la couronne et des épaules sont blanches; les pierres précieuses dont la couronne est enrichie sont vertes et rouges. Collier vert; souliers d'or. Le vase d'or est parsemé de pierres précieuses de couleur brune; l'impératrice a les cheveux noirs, tandis que les autres dames ont les cheveux blonds. Le cercle lumineux qui entoure la tête de l'impératrice est d'or. La première dame a la coiffure blanche, le manteau blanc embelli d'ornements verts qui parcourent le vêtement dans toute sa longueur; au bas se trouve une figure décorative rouge; le vêtement de dessous est violet et embelli d'ornements violet-foncé et de deux bordures d'or dentelées, sur lesquelles sont brodées des roses rouges avec un feuillage vert. Les souliers sont rouges, de même que ceux de toutes les autres dames. La dame qui suit est vêtue d'un manteau jaune, orné de croix vertes et de feuilles en cœur rouges; la robe est violet-clair, et embellie de figures bleues et de deux pièces rondes chargées d'ornements. La dame dont les mains sont cachées a le manteau blanc orné de carrés d'or; la robe est violet-clair et les arbres dont elle est décorée sont verts; les ornements carrés sont noirs; la bordure d'or est parsemée de points rouges; le collier se compose de perles blanches et de pierres vertes oblongues. La dame qui tient

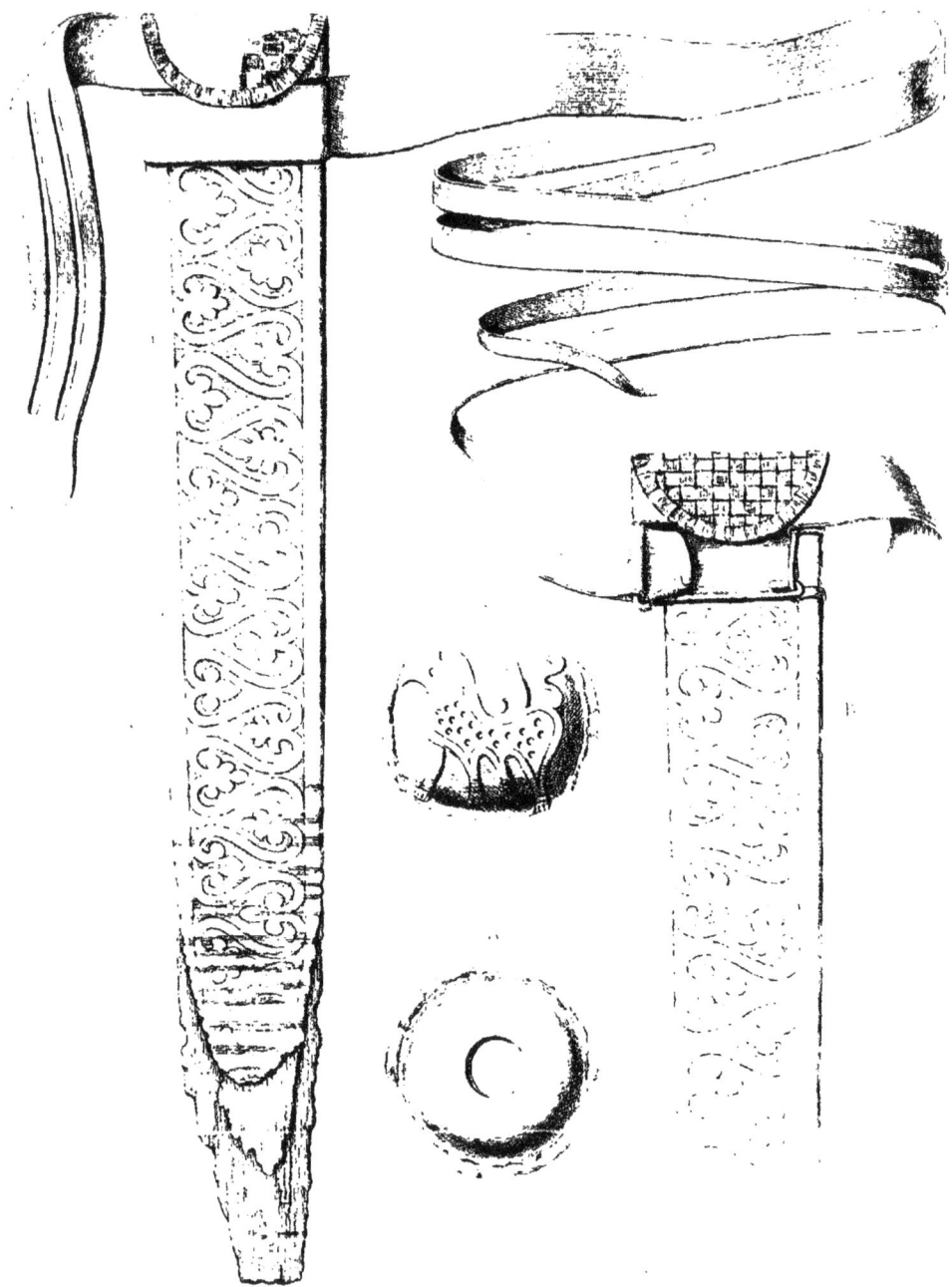

Schwertscheide u Kiniffwinen Beschespluben aus dem uten Jahrh

un mouchoir blanc à la main a le manteau rouge vif et orné
de feuilles vertes; la robe est verte avec des feuilles rouges.
La dernière dame a le manteau jaunâtre et orné d'un feuillage
vert; la robe est blanche. Les deux figures d'hommes ont
le vêtement blanc, les pièces insérées dans le manteau sont
violet-foncé, la ceinture est rouge et l'ornement linéaire est
noir. Le rideau du temple est blanc et encadré d'or; les
croix sont rouges de cinabre, les petits carrés noirs et les
grands carrés rouges. Le rideau que l'on aperçoit au-dessus
des dames a de larges raies bleues, blanches et rouges. Les
colonnes qui, de chaque côté, forment le cadre du tableau sont
divisés en champs violets et en champs d'or; les premières
divisions sont parsemées de perles blanches et les champs
d'or sont ornés de pierres ovales bleues et de pierres carrées
vertes. Le reste des ornements d'architecture est de couleurs
diverses.

PLANCHE 93. Fourreau de glaive et bouton de crystal
du XIᵉ siècle, — dessinés par *l'éditeur* d'après les originaux
conservés à la cathédrale de Bamberg. *A* est un fragment
de fourreau de glaive en bois recouvert de parchemin; les
ornements qui y sont tracés ont la couleur du parchemin; le
fond des ornements est de couleur brune. A l'ouverture du
fourreau se trouve une pièce de cuir sémi-circulaire, encore
recouverte partiellement d'un tissu entrelacé de soie verte et de
soie rouge. Le ceinturon se compose d'un cuir qui, évidemment, a été blanc dans son origine; l'une des extrémités du
ceinturon est munie de deux entailles, l'autre extrémité est
divisée et se termine par deux bouts. En ceignant l'épée on
faisait passer ces deux bouts par les entailles et ensuite on
en formait un noeud. *B* nous fait voir le même ceinturon, vu
d'arrière. Ce que nous avons dit dans plusieurs occasions et

surtout à la *pl. 65* au sujet des ceinturons, portés depuis le XI<sup>e</sup> jusqu'au XIII<sup>e</sup> siècle, se trouve confirmé par l'exemplaire de la planche actuelle.

*C* et *D* nous représente, sous deux points de vue différents et sur une échelle moins grande que l'original, le bouton de crystal appartenant à la crosse d'évêque représentée *pl. 39* de cette division. L'éditeur a trouvé cet objet parmi de vieux meubles d'église dans la cathédrale de Bamberg, dix années après avoir dessiné dans cette même cathédrale la partie supérieure de la crosse en question. Ce bouton nous offre la triple représentation d'un animal fantastique, pareil à ceux que l'on rencontre souvent dans les ornements d'architecture de cette époque.

PLANCHE 94. Costumes du XIII<sup>e</sup> siècle, dessinés par *l'éditeur* d'après des représentations ornant un manuscrit sur parchemin de la bibliothèque royale de Munich, dont le contenu est le poème héroïque de „*Tristan*" par Godefroi de Strasbourg et Ulrich de Thuringe. Parmi les 45 miniatures que renferme ce volume, nous avons choisi les deux représentations de notre planche dans le but de donner, au moyen d'un groupe de dames et d'une scène de chevalerie, une idée plus générale du costume simple de cette époque que nous avons eu à diverses reprises l'occasion de décrire. Malgré le peu de souplesse du dessin, on ne saurait nier qu'il n'y ait de la vie et de l'action dans ces tableaux. La scène supérieure nous représente la reine et ses dames au moment où les chevaliers viennent prendre congé d'elles pour marcher au combat. Dans le tableau inférieur, nous voyons combattre le roi, dont l'armure nous frappe par son extrême simplicité; nous en avons déjà souvent décrit tous les détails. Nous trou-

Trachten aus dem 14. Jahrh.

vons ici un exemple de plus de ces boucliers coloriés simplement, et des casques dont la partie supérieure est aplatie et
armoriée, ce qui, faute de cimiers et de lambrequins, qui
n'étaient point encore en usage, est regardé comme la première origine de la science héraldique; voir *pl. 8J* de cette
division.

Les couleurs sont : le vêtement de la première dame à
gauche est vert; la reine a la couronne d'or, le vêtement
jaune, le manteau rouge. La dame qui occupe le fond du
tableau a un voile blanc, sa robe est jaune; le manteau rouge
est doublé d'une fourrure bleue et blanche. La tente est
blanche, mais le fond est bleu. Le chevalier qui se trouve
sous la porte a le heaume d'or, la cotte d'armes rouge, l'armure d'écailles couleur de fer, le caparaçon jaune; le casque
dont on ne voit que la moitié est bleu; celui qui vient après
est blanc, palé perpendiculairement de rouge; le casque suivant est blanc et palé horisontalement de bleu. La couronne du roi est d'or, le heaume d'argent, l'écu rouge et le
caparaçon blanc. Le chevalier placé devant lui a le heaume et
l'armure d'écailles d'or, le caparaçon rouge. Son adversaire
a le heaume d'argent, le bouclier bleu, la cotte d'armes rouge,
l'armure d'écailles d'or, le caparaçon jaune, la selle verte, la
ceinture rouge. Le premier placé derrière lui a le bas du
casque d'or, mais la partie supérieure est blanche avec deux
pals obliques rouges. Le deuxième casque est bleu palé double-
ment de blanc; le dernier chevalier a le heaume d'argent,
l'écu blanc palé de rouge, la cotte d'armes bleue, caparaçon
vert. Le fond est vert; l'architecture de diverses couleurs.

PLANCHE 95. Pace, pax, baiser de paix, — costumes
du Xᵉ siècle, — dessinés par *l'éditeur* d'après l'original sculpté

en ivoire que possède l'antiquaire Bickert de Furth près Nuremberg. La vue antérieure présente un tableau en relief peu élevé et se recourbant en arc des deux côtés; nous l'avons représenté applati sur notre planche, de sorte que le tableau paraît plus large que n'est l'original, afin qu'on puisse en reconnaître parfaitement tous les détails. L'ivoire est maintenant fort jaune; la bordure porte encore les traces d'une dorure primitive. Au haut de la planche, nous avons représenté l'anse adaptée derrière le *pax*, vue en face et de profil; entre ces deux représentations se trouve celle de l'objet entier, vue en dessous à l'endroit où l'anse est adaptée. De pareils objets sculptés, représentant diverses scènes de l'Ecriture-Sainte, ont été, dès les premiers âges chrétiens, présentés dans le choeur aux ecclésiastiques pour les baiser en signe de paix et de réconciliation; de là vient le nom de *pax* sous lequel ces sculptures sont désignées. — La sculpture de notre planche représente la décollation de St.-Jean-Baptiste d'une manière toute particulière. Le saint homme est encore debout, bien qu'il ait été décapité et que l'exécuteur remette song laive dans le fourreau. Salomé présente la tête au roi, auprès duquel Hérodias se tient debout. A la droite du tableau, le corps du saint décapité est déposé dans le cercueil en présence d'un évêque et d'un moine tenant l'encensoir. A en juger d'après l'ensemble, ce travail a été exécuté par un artiste italien, bien que les costumes que nous y trouvons aient été en vogue au X° siècle parmi toutes les nations chrétiennes. Les costumes destinés à faire ressortir les plus hautes dignités étaient presque les mêmes pour les fonctionnaires séculiers comme pour les ecclésiastiques. C'est ce que nous voyons dans la représentation actuelle, ou le roi est revêtu du pallium et du maniple. L'évêque ne porte point la mitre, dont l'usage n'était point encore connu au X° siècle, et son vêtement est parsemé de croix,

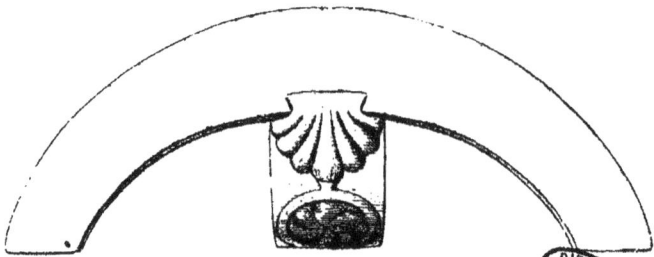

Pace Friedenskuss mit Trachten aus d. m. Jahrh.

*Trachten aus dem 9ten und Schmuck a. d. 6ten Jahrh.*

comme nous en voyons un exemple *pl. 62* de cette division
et comme cet usage a existé dans l'église grecque jusqu'aux
temps les plus récents. L'exécuteur est tout-à-fait vêtu du
costume d'un soldat romain; les *pl. 48* et *51* de cette division nous montrent suffisamment que les guerriers de cette
période étaient encore armés comme l'avaient été les Romains.
De même que nous avons eu l'occasion d'en faire mention,
les femmes de notre planche sont vêtues de robes simples
pendantes et sans garnitures.

PLANCHE 96. Costumes du IX⁰ siècle et parure du VI⁰,
— dessinés par *l'éditeur*, de *A* à *E*, d'après la peinture sur
parchemin d'un évangéliaire qui se trouve à la bibliothèque
royale de l'état à Munich; de *G* à *I*, d'après des objets de
parure dont l'éditeur est en possession; *F*, d'après une peinture sur verre conservée dans les collections réunies de S. M.
le roi de Bavière, à Munich. Nous avons déjà souvent
cherché à prouver comment les vêtements chrétiens, depuis les
siècles les plus reculés jusque vers le XI⁰ siècle, tout en conservant une grande simplicité, n'ont cessé de porter le caractère du costume des Romains ou des peuples de l'Orient. Si
parmi les représentations que nous avons données dans notre
ouvrage des costumes des divers siècles, les premiers âges
figurent moins fréquemment que les siècles postérieurs, ce n'est
pas seulement parce que les matériaux des âges primitifs de
la chrétienté se présentent plus rarement, mais surtout parce
que les costumes sont restés plus simples et que les formes
principales de la coupe se répètent sans cesse.

Les joyaux des premiers âges du christianisme nous présentent plus de variété que la coupe des vêtements; dans les
temps récents on a trouvé dans des tombeaux du V⁰ et du

VII° siècle une quantité d'objets de parure en or, en argent
en bronze, en pierreries et en verre, qui excitent notre cu-
riosité au plus haut degré; nous renvoyons aux fouilles qui
ont eu lieu à Augsbourg, à Stuttgard, aux bords du Rhin et
dans quelques contrées de la Franconie. — Parmi les objets
de parure découverts dans les lieux que nous venons d'indiquer, le style oriental paraît dominer le style grec et romain,
et ce qui nous paraît étrange, bien que fort positif, c'est que
ce style soit émané du nord pour pénétrer dans les contrées
méridionales de l'Allemagne. Les rapports annuels des So-
ciétés historiques du nord et du sud de l'Allemagne nous
donnent de nombreuses communications au sujet de découvertes de cette nature qui ont eu lieu dans des temps récents.
Nous citerons surtout un petit ouvrage des frères Linden-
schmid sur les tombeaux de Selzen (province de Hesse-Rhé-
nane), parce que les auteurs ont indiqué avec la plus grande
exactitude la position que les objets découverts occupaient
relativement au squelette. Notre planche fournit quelques
exemples de ce costume des premiers siècles chrétiens et un
échantillon des objets de parure dont nous avons parlé, lequel suffira peut-être pour donner une idée du goût qui do-
minait à cette époque. Si nous entrions dans de plus grands
détails nous dépasserions les limites que nous nous sommes tracées pour notre ouvrage. — Les figures de *A* à *E*, prises du manuscrit dont nous avons fait mention, nous font surtout voir
le costume du IX° siècle, tel que nous l'avons représenté
*pl. 13, 19, 32, 50, 51, 52, 53, 74, 75, 76* de cette division en parlant des costumes du X° siècle; ce qui vient à
l'appui de notre assertion. Dans l'évangéliaire de notre planche,
*A* représente l'adoration des Mages; *B*, les hommes d'Emaüs;
*C*, l'Institution de la Ste. Cène; *D*, la Vierge-Marie dans
le temple; *E*, l'ordre donné par le roi Hérode.

Couleurs: *A*, le vêtement de la Ste. Vierge est rouge,
ainsi que les manches, avec une garniture d'or qui tombe
par devant; le manteau est jaune; le vêtement de l'enfant est
blanc ayant un encadrement de rouge de minium. Les bonnets
phrygiens des trois Mages sont jaunes, les hauts-de-chausses
jaunes et garnis de noir et de perles blanches; les présents
que portent les trois mages sont d'or; l'architecture est de diverses couleurs. *B*, les vêtements sont blancs et bordés de
noir. *C*, les vêtements sont blancs et les bordures noires, à
l'exception de celles qui ont la forme d'un **Z**, qui sont
rouges de minium; Jésus-Christ est vêtu d'un manteau rouge.
*D*, le prêtre a la chasuble bleue, le pallium rouge et orné
d'une agrafe d'or; le vêtement de dessous est vert et a une
double bordure d'or, le voile et le manteau de la Vierge sont
jaunes; le vêtement de dessous rouge-foncé; les bordures noires
et ornées de perles blanches; souliers noirs. *E*, le roi est
vêtu d'un manteau rouge de minium; la figure qui est devant
lui a le manteau vert et le vêtement de dessous rouge de
minium; l'une et l'autre figure a les genoux découverts; les
brodequins sont de couleur violette. *F* est la représentation
d'un fragment d'un vase de verre. Les figures de même
que l'inscription ont été exécutées à l'aide de l'écume d'or,
fondue entre deux légères couches de verre. Nous avons communiqué cette représentation dans le but de faire voir, dans
un genre de travail que nous ne rencontrons que très-rarement, quelle grande affinité il y a entre l'art et le costume
des premiers âges chrétiens et le style des payens et combien de méprises il a dû résulter de cette analogie: car on
serait assurément tenté de prendre les deux figures assises
de notre planche pour des Romains, pour des sénateurs enve-
loppés dans leurs manteaux, si nous ne lisions pas au-dessus
les noms de: „PETRUS, PAULUS". *G* représente en gran-

deur originale une *fibula*, ou agrafe de manteau; cet objet
d'art, que nous avons communiqué par les motifs déjà indiqués, a été trouvé avec le pendant tout-à-fait pareil dans des
tombeaux chrétiens des premiers siècles, non loin de Wurzbourg. Cette agrafe est en argent; le bord est niellé de dentelures noires; la partie centrale, ornée d'un entrelacement en
relief, est dorée au feu. Les sept boutons saillants sont de
bronze, dorés au feu et incrustés d'ornements. Sur le revers
se trouve une aiguille destinée à fixer l'agrafe. Quant à l'usage
de ces fibula qui n'ont été que grossièrement représentées, voir
les *pl. 91* et *92* de cette division.

*II* est une perle de terre jaune, ayant des ornements noirs;
*I* est une perle de verre chargée d'ornements bleus. Des perles pareilles de verre, ou même de terre cuite, ont été fréquemment employées pour des colliers ou des garnitures de
vêtements, dès les premiers temps du christianisme jusque
vers le XI<sup>e</sup> siècle; ce qui est prouvé par le nombre immense
de perles de ce genre qui ont été trouvées dans les diverses
fouilles. Les *pl. 91* et *92* nous font voir comment on en
faisait l'application.

# Additions et Errata
## de la Ière Division.

---

### Avant-propos.

*Page 2 ligne 6· au lieu de·* „avec exactitude historique," *lisez:* „avec l'exactitude d'un historien."
„ 2 „ 20 „." „ „ 478 *lisez:* 476.
„ 4 *au lieu de:*„à peu près de modification, *lisez:* à peu de modifications près.
„ 5 *ligne 5; au lieu de:* dabord de ligne, *lisez:* „de prime abord une ligne."
„ 6 *au bas; au lieu de:* „a été l'agréable véhicule de cette entreprise, elle veuille trouver un acceuil bénévole" *lisez:* „a été le mobile principal de cette entreprise, elle puisse trouver un accueil bienveillant."

### Introduction.

*pag.* 18 *ligne* 10; *au lieu de:* „ils le firent aussi" *lisez:* ils suivirent cet exemple.
„ 21 „ 5 „ „ „ Henri VIII, *lisez:* Henri VII.

### I. Division.

Le frontispice de cette division, composé avant que le présent ouvrage ait été commencé, nous fait voir au centre la figure entière d'un chevalier du XIIe siècle, tenant un bouclier. Les observations qu'il y aurait à faire sur ce costume sont déjà comprises dans l'explication des *pl.* 4 *et* 5, et des planches analogues suivantes.

*Planche* 3 *pag.* 6 *ligne* 5; *au lieu de:* „habit" *lisez:* „chasuble"
„ 3 „ 6 „ 7 „ „ „collet autour du cou" *lisez:* „amict."
„ 4 „ 7 *au bas; au lieu de:* „ses genoux" *lisez:* „son genou droit."
„ 4 „ 7 „ „ „ „ „boucle" *lisez:* „la main gauche,"
„ 4 „ 7 „ „ „ „ „visière" „ „bouclier."
„ 6 „ 8 *ligne* 12 *d'en bas, au lieu de:* „la moitié du XIIIe siècle" *lisez:* „la moitié du XIVe siècle; ce qui range cette planche dans la II. Division

*Pl.* 8 *pag.* 12 *ligne* 1: à „crosse d'évêque" *ajoutez:* „ou *pedum* (bâton pastoral)".
„ 8 „ 12 „ 16 *au lieu de:* „du XIe siècle, *lisez:* de la fin du XIe siècle."
„ 10 „ 13 *au bas, au lieu de:* „Ehrenbeck" *lisez:* „Erembert". — L'inscription de cette pierre funéraire, qui n'est pas rendue exactement dans la représentation, est conçue en ces termes:

> „Est Erembertus hac Praesul in aede sepultus
> Atque coopertus, faxo de paupere sculptus."

*Pl.* 10 *pag.* 14 *ligne* 16 *au lieu de:* „galons" *lisez:* étole.
„ 10 „ 14 „ 20 „ „ „ „surplis" *lisez:* „chasuble."
„ 11 „ 14 „ „ *au lieu de:* „surplis" *lisez:* „chasuble."
„ 21 „ 31 Cette couronne est actuellement conservée au Musée royal de Berlin.
„ 25 „ 38. Il y a dans l'original, au-dessus de l'image, la représentation de l'empereur ces mots:

FREDERIC . ROM . IMP . AVGVST;

et au-dessus de celle de l'impératrice, nous trouvons cette inscription:,

CONJUX . BEATRIX . COMITESSA . . . . UNDIA (Burgundia) MCLXI.

Le millésime indique l'époque où le monument a été restauré.

*Pl.* 28 *pag.* 45 *ligne* 2 *au lieu de:* „manteau" *lisez:* „chasuble."
„ 28 „ 45 „ 7 *d'en bas, au lieu de:* „draperie supérieure" *lisez:* „tunicella."
„ 32 „ 51 *au lieu de:* „au XVIe siècle", *lisez:* „au XIIIe siècle."
„ 32 „ 51 „ „ L'étole violette a, au lieu de deux, trois bandes pendantes; celle du milieu forme le *cingulum*, à l'aide duquel l'aube était relevée.

*Pl.* 32 *pag.* 51 *ligne* 12. L'aube, qui doit être toujours être blanche, se trouve être dans notre exemplaire d'un vert clair.

- *Pl.* 34 *pag.* 54 *au lieu de:* „rubans" *lisez:* „étole."
„ 38 „ 60 *ligne* 19 *au lieu de:* „avec le peigne etc." — „en outre du peigne, il s'est trouvé un manuscrit contenant les visions de Ste. Hildegarde. écrites en latin par son confesseur.

*Pl.* 43 *pag.* 67 *ligne* 12, *au lieu de:* „St.-George", *lisez:* „St. Ambroise."
„ 46 „ 71 „ 7 „ „ „ „chape" *lisez:* „chasuble."

*Pl. 46 pag. 71:* Des recherches postérieures nous ont prouvé que la forme de cette *chasuble* était une modification de ce même vêtement tel qu'il était au XIII<sup>e</sup> siècle. Il est très-probable que l'étoffe de soie et les broderies en perles datent de l'époque de St.-Bernard.

*Pl. 56 pag. 83 ligne 18, au lieu de:* „Willibrordi" *lisez:* „Willibrordi."

*Pl. 58:* L'inscription abrégée de ce monument est conçue en ces termes:

*Rex hoc Rodulfus patrum pro lege peremptus*
*Plorandus merito conditur in tumulo.*
*Rex illi similis si regnet tempore pacis*
*Consilio, gladio non fuit a Karolo.*
*Qua vicere sui ruit hic sacra victima*
*Mors sibi vita fuit ecclesiae cecidit.*

*Pl. 63 pag. 90:* Nous avons appelé „romain" le casque de bronze que nous avons ajouté à notre représentation, parce que des casques pareils ont été portés dans les premiers siècles de Rome, bien qu'il soit „grec" d'après sa forme et son origine. Les autres casques chrétiens, trouvés sur l'île d'Eubée, que nous avons représentés sur cette planche, proviennent de l'Italie; on les trouve souvent dans la 2<sup>de</sup> moitié du XIII<sup>e</sup> siècle, mais plus souvent encore dans la 1<sup>re</sup> moitié du XIV. siècle.

*Pl. 66 pag. 93:* Cet anneau épiscopal a été regardé comme ayant appartenu à St. Godehard et il a été conservé comme tel; mais nous ne doutons nullement qu'il n'ait été confectionné au XVI<sup>e</sup> siècle, tout en conservant le style du XI<sup>e</sup> siècle; ce qui s'explique par la couronne papale dont il est surmonté.

*Pl. 69 pag. 96, au lieu de:* „le comte Sibotto" *lisez:* „Sibotto, comte de Falkenstein." Le manuscrit contenant cette figure provient du couvent de Weyhern.

*Pl. 78 pag. 109 ligne 11, au lieu de:* „surplis" *lisez:* „chasuble."
„ 78 „ 109 „ 13 „ „ „ „dalmatique" *lisez:* „tunicella."

---

www.ingramcontent.com/pod-product-compliance
Lightning Source LLC
Chambersburg PA
CBHW070737270326
41927CB00010B/2022